常识骗了你

房产 合同 婚姻
的77个法律陷阱

第4版

余勇波◎著

法律出版社 LAW PRESS·CHINA

自　　序

一、民众认识和法律界定的差别

在律师执业过程中，笔者深感在某些领域，普通民众对生活事实的认识和法律上的界定存在巨大的差别。简单来讲，有三种类型较为常见。

第一种是以道德观念去理解法律。比如，一对夫妇要离婚，因为"老公搞婚外情，还有私生子"，妻子便要求得到赔偿并想告丈夫重婚。这个要求在道德理念上非常合理，但是在法律上却并不一定能得到支持。因为"私生子"不是"重婚"的判定标准，甚至连"同居"的标准都算不上，并不能将"婚外情、私生子"等情形视同为"重婚"或者"非法同居"并以此为由去追究其丈夫的法律责任。具体理由在本书第三篇"生活篇"中有详细解释。

第二种是认为法律是死板的，写下了白纸黑字便铁板钉钉，不可动摇。比如，快递公司将你托运的货物丢失，你找上门去索赔时，快递公司比你还凶，说托运单上写了"如有损失，只赔3倍运费"，而那3倍运费连你货物损失的零头都不够。此时，许多人觉得既然白纸黑字写得清楚,也只能怨自己运气不济。其实,在如此失衡的状况下,法律将作出适当调整。如果该快递托运单被认定为格式合同,并且快递公司对此没有以合理的方式向你进行说明,那么这个“白纸黑字”将不能被法律认定为你和货运公司约定的内容,你仍然可以获得货物损失的全部赔偿,不至于在快递公司面前被呛得哑口无言。

第三种是认为好心不会办坏事。比如,春运期间你好心搭载朋友回老家,但是在路上,由于你的严重超速驾驶发生了交通事故,你和朋友都受了伤。结果朋友向你提出索赔,而这个在法律上是成立的,你说你冤不冤?好心搭乘,自己受了伤,还要去赔偿搭乘人。原来,法律在这里还是要看谁的过错,如果确实由于你的严重过错导致了交通事故和搭乘者受伤,那么你还是要承担责任。法律并不会认为你是好心让人搭乘,便免除你所有责任。

上述这些法律和诉讼常识经常会让普通民众产生误解。“普通民众”是指没有怎么学习过法律的人士,与本身的文化素质、知识水平没有直接的联系。大多数人一辈子都不会打官司,真正深入接触法律特别是诉讼知识的机会相当少,因此就成了“隔行如隔山”。一些高级知识分子在和我谈论具体诉讼业务时,也经常落入惯常思维的陷阱,反而一些做生意的朋友由于亲历纠纷次数较多,在运用法律方面倒还“轻车熟路”。每当我把客户从日常思维的陷阱里拉上来,坐在一起讨论案情,灵活运用事实和法律打赢案件,成功维护客户合法权益后,便会产生一丝欣慰。

国学大师南怀瑾先生说:“儒家像粮食店,绝不能打。否则,打倒了儒家,我们就没有饭吃——没有精神食粮;佛家是百货店,像大都市的百货公司，各式各样的日用品具备，随时可以去逛逛，有钱就选购一些回来，没钱则观光一番，无人阻拦，但里面所有，都是人生必需的东西，也是不可缺少的；道家则是药店，如果不生病，一生也可以不必去理会它，要是一生病，就非主动找上门去不可……”作为经常办案的律师，我突然想到：我们这些所谓的“法家”岂不是军火库？当权利被侵犯的时候，就可以来我们这里选择飞机大炮、枪支弹药，去维护自己的权利。为此，办案之余，我便有心收集一些日常生活中常遇到的法律热点问题和容易发生误解的例子，写成本书，供读者参考。

二、法律并不是静止的公平，而是动态的平衡

“法律”的典型标识是一座天平，此前我对此没有特殊的理解，只认为是代表着公平而已。在编写本书的过程中，我通过研究法律对权利义务的安排，而有了新的体会，发现这个天平不是静止地立在那里象征公平，而是在动态地平衡着双方的利益。

当法律在天平的左边放个橘子的时候，便会马上在右边放个苹果，不断作出调整，从而达到相对的平衡。这种“动态平衡”安排，让我想到小时候大家经常玩的一个游戏：将一根细长小木棍竖在手指上，为了让它一直支起不掉下来，便需要根据木棍的移动不断地作出适当微调，在动态中保持平衡。法律对日常生活的调整也是这个道理，生活万象，纷繁芜杂，法律以一理概之是不现实的，反而会造成混乱，只能于动静间显平衡，在细微处见功夫。所以，日常生活中法律并不像普通民众认为的那样僵硬，法律并不是静止的公平，而是动态的平衡。

法庭是律师的主战场。庭上，常常是真相与谎言夹杂，卷起眼前一片黄沙滚滚，人间百态尽含其中，需得多几分清醒与淡定。场面如此混乱,究其原因,往往是有理的一方抓不住重点显得手足无措,而无理的一方揪着无关紧要的瑕疵反而大张旗鼓。遇到麻烦时,你拥有某些权利可以有效抵抗对方,但你可能并没有掌握,以致场面被动;另外,当你在处心积虑搞事时,某些法律规定已经堵住了前路,但你还一意孤行,其实并不能得逞。

总而言之,希望本书总结的法律生活经验可以使"好人"不糊涂,"坏人"莫过分!

三、关于书名和内容

人们用俗语"五子登科"来形容生活富足、安逸美好,即人的日常生活一般离不开"房子、车子、票子、妻子、孩子"这些事。为了让本书更加贴近日常生活,笔者剔除了刑事案件和行政案件,只保留了关于"房产、生意、劳动、婚姻、生活"五方面的民事案例,以期读者们在本书中都可以找到自己若隐若现的影子。

在日常生活中,似乎合情合理的常识与讲究严密逻辑的法律规则往往纠缠在一起,让普通民众乱花迷眼,产生误解。虽然此时法律在不断发挥其平衡杠杆的作用,尽量追求进一步的公平,但不慎作出误判的情况还很多。所以本书取名"常识骗了你",意在提醒读者在处理纠纷争议时,要以法律思维进行判断,不能轻信了常识。

本书的法律意见主要依据为《民法典》、《公司法》和《劳动合同法》等法律法规及其相关司法解释、相关判例和法院公开的一些判案观点。由于我国法律属于成文法体系,所以书中判例并不是将来类似案件的判决依据,而仅供参考学习之用。

此外,本书不属于传统法律书籍,为了让读者不被枯燥的"法言法语”催眠，可以从愉快阅读中吸收一些法律思维和理念，笔者尽量用通俗的语言去描述法律事实和解释法律，便难免丧失一些严谨性，希望能够得到读者的谅解和法律人士的批评指正！

虽然音乐殿堂里鸣奏着深远古典的交响乐，但人们更多的是在街头、收音机里的流行歌曲和简单节奏中感受音乐的流淌魅力；虽然科技领域的技术成果已经将人类送入太空，并打算移民外星球，但是人们更多的是在手机、汽车等高科技产品的不断更新换代中感知科技可以让生活更美好；虽然法律是崇高公平正义的象征，但人们更多的是在每一个生活争议、经济纠纷的处理中看到法治、感受法治、体会法律平衡的力量。

为此，一群才华横溢的流行乐手兴奋着快乐着，一群创意无限的工程设计师们努力着创新着，而我们这一群殚精竭虑的律师，在清醒地洞察着、辩争着。

目录
CONTENTS

一
房产篇

第一章　买房

第二章　居住

第三章　租房

第四章 卖房

二 生意篇

第一章 合同签订

第二章 生意往来

第三章 违约赔偿

第四章 公司运作

第五章 劳动关系

三 生活篇

第一章 人格权

第二章 婚姻家庭

第三章 生活点滴

一

房产篇

第一章

买　房

01　精美宣传册的玄机

楼盘新开张，开发商往往竭尽所能吸引买房人的注意，精致漂亮的沙盘模型、动人的宣传彩页是必不可少的，人们也常常被这些广告所吸引，甚至“心动不如行动”，马上选房落定金。可是，开发商真的会将广告中美好的描绘去一一实现吗？买房人不会被忽悠吗？

其实，一般情况下，法律并不保护因广告产生的那些想象，只保护买房人和开发商最后签订的房屋买卖合同里那些条款内容。

正因为深知这点，开发商在制作精美宣传册的时候，会狡猾地在宣传册的底部标注一行小字：“本宣传册为要约邀请，以上内容旨在提供信息，仅供参考，最终以政府有关部门批准及双方签订之购房合同

为准。”解释出来的意思就是:“现在说的都是广告,一切以最后签订的正式合同为准。你现在看到的这些,只要没有放在合同里,你就不能来追究我的责任。”以此规避法律风险。

如此一来,法律的天平便失去了平衡。对开发商而言,即使广告里说得天花乱坠,极尽夸张,只要不将广告内容放入最后合同,买房人也无法追究其责任;而对买房人而言,下定决心买房,往往就是看中了广告中的某些具体承诺,如绿地率达50%、交房时间在国庆节前,最后开发商却无法实现,买房人大呼上当,还投诉无门。

其实也不用担心,在这种失衡状况下,法律将作出调整。法律认为,开发商在卖房广告或宣传资料中,如果作出的说明和允诺是具体的、明确的、会对买房人的决定产生重大影响的,即使该内容没有写进最后签订的合同条款,也必须承担责任,①比如明确具体的交房标准、交房日期、设备品牌、外观形象、绿地面积、配套设施以及小孩就读小学的承诺。当然,对于一些想象性描述,如“尊贵身份体现”“楼王中

---

① 【法条链接】《最高人民法院关于审理商品房买卖合同纠纷案件适用法律若干问题的解释》(2020年修正)第三条:商品房的销售广告和宣传资料为要约邀请,但是出卖人就商品房开发规划范围内的房屋及相关设施所作的说明和允诺具体确定,并对商品房买卖合同的订立以及房屋价格的确定有重大影响的,构成要约。该说明和允诺即使未载入商品房买卖合同,亦应当为合同内容,当事人违反的,应当承担违约责任。

的楼王""坐在阳台钓鱼",则不能当真了。

我们来看看 2021 年北京市第三中级人民法院一个关于判决开发商要为广告承诺承担责任的案例。①

北京某开发商开发销售东都国际商品房楼盘,并在《北京晚报》发布了相当豪华的开盘广告,如"三重精装一步到位……地下车库全精装,五星级大堂精装,全品牌室内豪装,24 小时英式物管全天守候,精致生活由表及里全面呈现"。在售楼处,该开发商还在精美的《东都国际楼书宣传册》载明:"1. 建筑采用经典 ART DECO 风格,'金镶玉'工艺包铜掐丝装饰'顶戴花翎'……2.'殿堂级'双入户大堂:车库与首层双大堂。地上大堂,60 平方米大尺度空间、5.7 米卓绝挑高入户门庭、艺术天花吊顶、五星级酒店标准精装、会所级软装修配饰、24 小时英式物管……3. 品牌电器组装高品质生活,东都国际为客户选用的电磁炉、烤箱、微波炉、冰箱等家电均为国际名牌顶尖产品,垃圾处理器、净水器口、吊顶、密码锁等高端配置,更方便了业主的日常生活需要及居室维护,提升了业主的生活品质。"

胡先生被上述广告所吸引,购买了东都国际的一处商品房,但是后来发现,该处物业的装修与开发商之前宣传的内容存在天壤之别。胡先生顿感被欺骗,一气之下将开发商诉至法院,并要求赔偿。

该案经过审理,法院认为,北京某开发商发布的商业广告中包括"'殿堂级'双入户大堂……艺术天花吊顶、五星级酒店标准精装、会

---

① 本案例以北京市第三中级人民法院(2021)京 03 民终 1343 号民事判决书为原型编辑整理而成,基本案情及判决理由均有不同程度的删节和修改。

所级软装修配饰、24小时英式物管”“东都国际为客户选用的电磁炉、烤箱、微波炉、冰箱等家电……”“建筑采用经典ART DECO风格,‘金镶玉’工艺包铜掐丝装饰‘顶戴花翎’……”等内容系具体确定地对商品房开发规划范围内的房屋及相关设施所作的说明和允诺,会对商品房预售合同的订立产生重大影响,北京某开发商在商业广告宣传中的说明和允诺应视为要约,属于合同内容。但是经法院现场勘查,北京某开发商有部分具体允诺没有实现,如楼宇的“金镶玉”包边。因北京某开发商已经将房屋交付给全体业主,已将小区环境维护等义务移交给物业,且公共环境的改变涉及其他全体业主的生活习惯,现已不具备继续履行配齐相应设施的条件,北京某开发商应就此对胡先生的损失进行赔偿。

据此,结合本案其他事实,法院最终判决北京某开发商向胡先生酌定赔偿2万元。

【余律师支招】

如果你是买房人,当你被精美的广告册吸引,同时又担心被忽悠时,请多留几本开发商的宣传册或模型照片,总归有好处;如果你是开发商,切忌广告不要太夸张,特别是不要太具体,否则待无法实现时,要对买房人承担法律责任。

02　对合同陷阱的反击

看好了房子，接下来就要签订房屋买卖合同了。

在程序上，一般是买房人先交定金，如5万元，与开发商先签一份认购书。然后过一段时间，开发商才提供正式的房产买卖合同供双方签订。许多人认为，此时开发商提供的合同版本将是国土部门监制的格式合同，应该可以保护买房人的利益，开发商不会在这个环节上"使坏"。

现实将使善良的人们"大跌眼镜"。因为许多开发商通常都会在这份合同里大做文章，购房人必须谨慎小心。有些开发商的具体做法是在正式合同后面添加"补充协议"，从而改变自己要承担的责任和义务。

比如，若开发商延期交房或者延期办理房产证，正常来说是要负赔偿责任的。这个赔偿金额，在政府部门（如深圳市）监制的合同里，一般是按每天房价的万分之三赔偿，如房价是200万元，那么开发商延期1天要赔600元，延期1个月要赔1.8万元。延期超过一定的限度，赔偿标准还要上升至每日万分之四。此时，开发商常常利用"补充协议"将赔偿标准调低，如调整为房价的万分之零点一，大幅度降低赔偿数额,为将来可能的违约行为铺好后路。

如此不公平的条款,难道不会被买房人发现吗?其实,开发商也正是抓住了买房人的心理,因为大多数买房人签合同的时候,对新房的购买欲望是无法抑制的,对尽快入住的盼望是无比热切的。此时,没有几个人会认真阅读合同,大多是只看看总价款和面积,哪里还有心思去看后面附的补充条款?更何况,买房人已经签了认购书,交了5万元定金,能不签吗?于是,在售楼小姐纤纤玉手的协助下,买房人奋笔疾书,在一页页合同书和补充协议上签下了大名。

此时,法律天平失去了平衡。对于开发商,其利用自己的优势地位和买房人的急切心情,将不公平条款植入合同,此合同表面是公平协议,实质上开发商占尽便宜;对于买房人,自己签下了这些补充条款,虽然对双方的交易不会产生太大的影响,但是一旦开发商违约,将严重阻碍自己向开发商索赔违约金。

在这种失衡状况下,法律将作出调整。法律认为,买房人和开发商签了认购书,并交定金后,若买房人发现开发商在设置不公平条款,可以要求与开发商协商修改,协商不成,则可以要求开发商返还定金。倘若不能签订正式合同的责任完全归于开发商一方,买房人甚至可以要求开发商双倍返还定金。① 如买方人交了5万元定金,则可要求开

① 【法条链接】《最高人民法院关于审理商品房买卖合同纠纷案件适用法律若干问题的解释》(2020年修正)第四条:出卖人通过认购、订购、预订等方式向买受人收受定金作为订立商品房买卖合同担保的,如果因当事人一方原因未能订立商品房买卖合同,应当按照法律关于定金的规定处理;因不可归责于当事人双方的事由,导致商品房买卖合同未能订立的,出卖人应当将定金返还买受人。

发商返还10万元,不但将先前的5万元定金收回来,还可以多要5万元赔款。

我们来看看2019年广西壮族自治区北海市海城区人民法院一个关于判定买房人收回定金的案例。①

孙小姐要买房,在某开发商的售楼处看好样板房后,与开发商签订了认购协议,交了5万元定金,并约定在开发商通知后过来签订正式的房产买卖合同。后来,孙小姐与其丈夫来到售楼处,发现正式合同中写道,“样板房仅供参考,某开发商保留最终解释权”。经孙小姐与售楼部工作人员共同测量了合同指向的房屋和样板房的层高,结果样板房净高5.51米,自己准备购买的房屋净高4.35米。孙小姐表示不能接受,要求开发商必须按照样板房标准交房。谁知,数日后,某开发商通知孙小姐,由于孙小姐没有在约定时间内签订合同,5万元定金将被没收。于是,双方产生了纠纷,协商未果,遂诉至法院。

案件经过审理,法院认为:本案中,样板间的层高与户型性质一样,属于商品房结构的内容,应视为样板间的层高具有确定性、具体性,对于当事人来说,是决定房屋价格的重要组成部分,对合同的订立及房屋价格的确定有重大影响。某开发商辩称其工作人员及销售现场摆放的销售合同已尽到充分提醒孙小姐实际层高的义务,但未提供证据予以证实,对此抗辩理由法院不予认可。

交付购房定金属预约合同,其目的系担保商品房买卖合同的订

① 本案例以广西壮族自治区北海市海城区人民法院(2019)桂0502民初2282号民事判决书为原型编辑整理而成,基本案情及判决理由均有不同程度的删节和修改。

立,违约的法律后果是适用定金罚则。从预约和本约的关系来看,购房定金具有独立性,且是实践性合同,自一方当事人交付购房定金时生效,商品房买卖合同最终是否签订并不影响购房定金合同的成立和生效。如因一方原因致使主合同未订立,则构成对购房定金合同的违反。原告已向被告支付定金5万元,而被告的行为已经构成违约,根据法律规定,对原告要求被告双倍返还定金的诉讼请求,法院予以支持。

据此,结合本案其他事实,法院判决某开发商向孙小姐双倍返还定金,共10万元。

【余律师支招】

如果你是买房人,在签认购书并交了定金之后,一定要谨慎阅读接下来的正式合同,当发现有明显不利于自己的补充条款时,请向开发商提出改正意见,若开发商不愿协商并要没收你的定金,则可以向法院起诉,要求开发商返还或者双倍返还定金;如果你是开发商,在买房人提出修改意见时,不要太强势而不愿协商,实在需要修改某个合同条款,可以与买房人充分讨论,双方均作出适当让步后,完成对合同的修改。倘若买房人已经不小心签了不公平条款,那么将涉及"格式条款的无效及认定"问题,请参阅本书后文"生意篇"中"霸王别'急'"章节的详细解释。

03 退房还钱不能拖

买房人和开发商签订正式的房产买卖合同之后，买房人交了首期款如100万元，顺利的话，随着银行放款手续的完成，接下来就是房屋交付和办理房产证，这栋价值300万元的房产就正式归入买房人名下。

但是，如果遇到开发商迟迟不能交房，那麻烦就来了。买房人筹款买房不容易，如果一大笔资金付出去，却无法按时得到房屋，对买房人来说，资金利息和时间成本的损失都是巨大的。在这种情况下，买房人一般会追着开发商要房，但是，如果开发商由于种种原因交不出房子，那么买房人是否可以要求不再买房，并要求开发商退钱？

毫无疑问，答案是肯定的。对于这种退房还钱的要求，在法律上实质是行使合同解除权，即由于开发商迟迟不交房，已经严重违约，法律允许买房人解除房产购买合同，买房人不再购买房屋，开发商退钱，一切打回原形。

不过，我们要注意的是，法律赋予买房人的解除权，并不是永久性的,因为合同的稳定性和可预期性对整个社会的经济运行也非常重要,如果买房人拥有了退房还钱的权利,却一直不行使,会造成开发商、贷款银行甚至房产登记部门的工作不便利。

在这种失衡的状况下,法律作出了调整。法律认为,[①]在开发商不能按期交房的情况下,如果买房人不再打算购房,要求开发商退钱,那么应该先进行催告,催告后3个月开发商还是不能交房,那么买房人便可以解除合同了;但是,这个解除权不是永久性的,如果买房人明知可以解除的事由达到了1年期限,买房人就不能再主动解除该合同了。

我们来看看2020年河南省郑州市中级人民法院一个关于判定买房人的解除权逾期不能行使的案例。[②]

买房人方小姐与开发商华某公司签订了房产买卖合同,但是华某公司迟迟不能按期向方小姐交房,其自称原因是"政府扬尘治理管控影响",方小姐曾多次上门与开发商协商处理相关事宜,但是考虑到聘请律师以及提起诉讼需要花费大量的时间和金钱,便没有及时发出有效的催告函件,也没有发出正式解除合同的通知。

---

① 【法条链接】《最高人民法院关于审理商品房买卖合同纠纷案件适用法律若干问题的解释》(2020年修正)第十一条:根据民法典第五百六十三条的规定,出卖人迟延交付房屋或者买受人迟延支付购房款,经催告后在三个月的合理期限内仍未履行,解除权人请求解除合同的,应予支持,但当事人另有约定的除外。法律没有规定或者当事人没有约定,经对方当事人催告后,解除权行使的合理期限为三个月。对方当事人没有催告的,解除权人自知道或者应当知道解除事由之日起一年内行使。逾期不行使的,解除权消灭。

② 本案例以河南省郑州市中级人民法院(2020)豫01民终17827号民事判决书为原型编辑整理而成,基本案情及判决理由均有不同程度的删节和修改。

方小姐与华某公司多次协商未果，1 年后，方小姐将华某公司诉至法院，要求解除与华某公司的购房合同并要求华某公司退还购房款、支付违约金。

该案经过审理，法院认为，方小姐与华某公司签订的案涉合同合法有效，各方均应全面履行各自的合同义务。合同签订后，方小姐依约缴纳了全部购房款，华某公司未按照合同约定于 2019 年 5 月 31 日前将符合合同约定交付条件的房屋交付方小姐。根据双方签订的商品房买卖合同约定，出卖人逾期交房超过 90 日后，买受人有权解除合同，即方小姐自 2019 年 9 月 1 日起享有合同解除权。本案中，方小姐未提交证据证明向华某公司进行了催告，故方小姐应自知道或应当知道解除事由发生之日起 1 年内行使解除权，方小姐未提交有效证据证明其在 1 年内行使了解除权，而方小姐的诉讼请求均是基于解除案涉合同而提出的，所以对方小姐的诉讼请求不予支持。

据此，结合本案其他事实，法院判定因方小姐没有在法定 1 年期限内行使解除权，故不支持方小姐在本案提出的退房还钱要求。

【余律师支招】

如果你是买房人，遇到开发商不能按期交房的情形，在你作出不再要房，而是要求退钱的决定之后，一定要在 1 年之内及时行使合同解除权，因为法律并不保护“权力上的睡眠者”；如果你是开发商，一定要按期交房，否则可能面临买房人退房还钱的要求，造成资金链条的不通畅，即使买房人合同解除权的 1 年除斥期已过，也还是要诚信履行合同，向买房人交付合格的房屋。

第二章

居　住

04　小区会所，听起来像是业主的

小区会所由于涉及业主生活的方方面面，其本身的用途和产权容易产生争议。

有些小区的会所，本来是办幼儿园的，结果开成了商场；原本是图书室，后来变成了麻将馆，给业主带来许多的烦恼。业主为此主张自己权利的时候，通常也会认为，小区会所是业主共同所有的，不能被开发商随便使用。

其实,在法律上,小区会所并非必然属于业主共同所有。实际情况可能恰恰相反,多数开发商并没有将“小区会所”出售,小区会所的产权仍然保留在开发商手里。“小区会所”,听起来像是业主的,但在法律上,其符合专有部分的构成要件,正如小区内没有卖出去的房屋一样,其所有权归开发商。

另外,从利益平衡的角度出发,如果从法律上将会所确定为业主共有,对业主也未必一定是好事。因为谁拥有产权,谁就要承担与此相关的费用。例如,不少小区会所都有游泳池,游泳池的日常养护费用很大。如果业主共同所有了,就要由业主分摊养护费用,光靠游泳池收费是应付不过来的。显然,大多数业主根本无法筹集足够的资金维护小区会所的运作。但如果为了弥补费用而将小区会所出租,并不是直接用于业主们的日常文化生活需要,也同样会引起部分业主的不满和抱怨。

因此,小区会所的产权归属和合理使用是两个问题,不能混为一谈。产权方面由法律确定归属,使用方面主要靠业主们与产权方进行沟通和协商,争取在经济效益和合理使用两者之间寻找到一个平衡点。

我们来看看2020年福建省厦门市中级人民法院一个关于判定小区会所属于开发商所有的案例。①

碧湖花园是厦门市的一个居民小区,小区内有一栋会所,位于居民楼中心,包含棋牌室、健身房等多种休闲娱乐场所。碧湖花园业主

① 本案例以福建省厦门市中级人民法院(2020)闽02民终3148号民事判决书为原型编辑整理而成,基本案情及判决理由均有不同程度的删节和修改。

委员会(以下简称碧湖花园业委会)与开发商海晟公司对上述小区会所的权属问题发生争议,遂诉至法院。碧湖花园业委会作为原告,请求法院判决碧湖花园小区规划区域内的休闲会所归全体业主所有。

该案经过审理,法院认为:首先,碧湖花园业委会主张讼争房产应作为小区公共配套设施归业主所有,但法律规定并未确定本案中的"会所"属于业主共有的部分,且碧湖花园业委会亦无法证明本案讼争的房产属于开发商海晟公司确认由业主使用的共有部分。故对碧湖花园业委会的该项上诉主张不予采纳。

其次,双方讼争的房产在结构上具有独立性,亦可独立使用。讼争房产并未纳入公摊面积,反而分摊其他共有部分的面积,故其不属于碧湖花园业委会主张的公共部分。

再次,碧湖花园业委会上诉主张讼争房产的建筑费用计入成本,其应当就其主张承担举证责任,碧湖花园业委会并未提交充分证据予以佐证。且如前所述,该房产并未纳入公摊面积,故不足以支持碧湖花园业委会关于建筑费用纳入成本的主张。

最后,碧湖花园业委会上诉主张开发商海晟公司在楼盘营销中承诺配有公共休闲会所供全体业主使用,但其也确认该承诺属于要约邀请,双方之间并未就讼争房产的归属达成合意,亦未纳入合同条款,故对该主张予以驳回。综上,碧湖花园业委会的上诉主张缺乏事实和法律依据,应予以驳回。

据此,开发商海晟公司因其合法建设行为取得了会所的所有权,结合本案其他事实,法院驳回了碧湖花园业委会关于小区会所应属全体业主所有的诉求。

【余律师支招】

如果你是业主，发现小区会所存在违规使用的现象，可以向房产管理部门举报投诉解决，打算主张小区会所归全体业主所有，法律上未必行得通；如果你是开发商，小区会所的用途不能轻易更改，要不然业主维权也会给你的经营带来一些麻烦。

05 “平台、露台、阳台”的共有与私有

现代小区的设计理念越来越现代化，出现了许多时尚且实用的“楼顶平台、低层露台、错层阳台”等敞开的室外空间，这些空间到底属于小区业主共有，还是属于邻近业主私有？恐怕是个难以回答的问题。

对上述室外空间的邻近业主而言，“近水楼台先得月”，自然认为这些空间属于私有，只能由自己使用，只要不从事违法活动，其他业主无权说三道四。有些业主认为，只要是外部敞开的空间，如这些小区内的“楼顶平台、低层露台、错层阳台”，都应该属于小区业主共有，如个别业主擅自私人利用，就是侵害其他业主共有权的行为。

上述两种说法,孰是孰非?法律认为,只要是业主们通过公共楼梯就能上去的"楼顶平台",而且符合规划的话,都属于业主的共同平台,因为这种平台并不具备使用上的独立性,其他业主照样可以使用。但是,如果只有从顶楼业主房屋才能到达且符合规划的"楼顶平台",同时也列入了该业主与开发商签定的房屋买卖合同中的话,这个平台就是该业主私有的,别的业主不能使用该平台。①

生活中常见的与此类似情况的还有:两层高的"错层阳台"空间属于楼下业主专有,还是属于楼上、楼下两层业主共有?楼下业主能不能随意搭建板房,封闭空间供自己使用?

现实中,我们经常看到整个小区都存在"错层阳台"空间搭建板房的现象,凭直觉多数人会认为这个两层高的阳台空间应该属于楼上楼下业主共有,楼下业主自然可以搭建板房封闭空间。

但事实并没有这么简单,让我们来看看2020年湖南省长沙市开福区人民法院一个关于判定错层阳台归单个业主私有的案例。②

陈先生和刘先生是长沙市开福区某城市花园的楼上楼下邻居,陈先生是楼上业主,刘先生是楼下业主,两户的阳台均为环形分层错开

---

① 【法条链接】《最高人民法院关于审理建筑物区分所有权纠纷案件适用法律若干问题的解释》(2020年修正)第二条第一~二款:建筑区划内符合下列条件的房屋,以及车位、摊位等特定空间,应当认定为民法典第二编第六章所称的专有部分:(一)具有构造上的独立性,能够明确区分;(二)具有利用上的独立性,可以排他使用;(三)能够登记成为特定业主所有权的客体。规划上专属于特定房屋,且建设单位销售时已经根据规划列入该特定房屋买卖合同中的露台等,应当认定为前款所称的专有部分的组成部分。

② 本案例以湖南省长沙市开福区人民法院(2020)湘0105民初5403号民事判决书为原型编辑整理而成,基本案情及判决理由均有不同程度的删节和修改。

设计,房屋原设计为敞开式阳台,无任何遮挡,层高为3米。后来,刘先生将其房屋的阳台全部用玻璃幕墙封包并做隔墙,仅在阳台玻璃幕墙上留有若干可部分向下开启的窗户及一个小通风口。陈先生发现后,不同意刘先生的改造行为,认为刘先生侵犯了自己的私有空间并给自己造成了损失,双方由此产生争议,协商未果,遂诉至法院。

在庭审中,刘先生辩称:首先,小区的设计为错层阳台设计,上一层的住户阳台一览无遗,并存在较大的高空坠物和自然风雪危害,导致下一层住户的隐私和安全不能得到保障。自己是参照本小区同类户型的装修方案来对楼下阳台进行改造,以此来保护自身的隐私和安全。其次,楼下阳台所建的玻璃幕墙,未遮挡陈先生房屋,也未影响其眺望的权利,所封阳台在陈先生房屋外墙以外,也不影响其通风。

而陈先生认为刘先生在未取得自己同意的情况下,私自在楼下房屋阳台搭建高于3米的玻璃隔墙,将楼上房屋的主卧、主卫、次卧的外部空间吞并在其房间室内,上述行为严重侵害了自己的通风、采光、眺望等权利。

经过审理,法院认为:根据相关法律规定,原告未经相关行政机关批准,在楼下房屋阳台搭建玻璃幕墙及隔层板,该玻璃幕墙3米层高以上部分已超出楼下房屋专有部分空间,占用了建筑物共有部分,并妨碍了原告楼上房屋的采光、通风等功能,遮挡了楼上房屋视线,原告有权要求被告对该部分予以拆除,故法院对原告该项请求予以支持。

本案中,根据房屋建筑面积分户平面图,阳台超出3米以上层高的部分应当属于楼上业主陈先生所有。刘先生在该空间搭建玻璃幕墙及隔层板,无论是否会对陈先生造成影响,均需取得权利人陈先生的同意。尽管该小区内搭建具有普遍性,也不等于这些行为就是正确的,陈先生不能以此作为其搭建行为合理的理由。

据此,结合本案其他事实,法院判定刘先生拆除在楼下阳台上方搭建的玻璃幕墙并恢复原状。

【余律师支招】

如果你是法律上拥有"楼顶平台、低层露台、错层阳台"的业主,一定要弄清楚这个平台的产权归属,尽量顾及其他业主的观念误区,做到邻里和睦,相互照顾,当然也要清醒地保护自己的权益;如果你是其他业主,要认识到并非所有的平台都是共有的,在主张权利的时候,不能妨碍平台私有人的合法使用,更不能盲目地实施侵权行为。

06 自由装修的限度

买好了房子,便要装修。如何装修是个人自由,古典中式、现代欧派完全凭业主的喜好选择。但是,装修期间,邻里之间难免会有些磕磕碰碰,当邻居之间因为装修发生纠纷时,许多人认为"我的装修我做主,别人莫要干涉"。

装修风格的确是业主的自由选择,法律对此没有任何限制。但是,如果对装修的方式和内容也听之任之,那将造成法律天平的失衡。

对于装修方，完全凭自己的意愿装修房屋，可能会不顾及房屋的安全，业主毕竟不是专业人士，不懂房屋的结构组成而整栋楼房的结构是相互影响的，装修方的野蛮施工行为可能会给整栋楼带来极大的安全隐患。

为纠正这种失衡状况，法律作出了调整。法律规定，业主可以对自己的房屋行使各种权利，但是不得危及自己房屋和整栋建筑物的安全，对其他业主的合法权益产生危害。[①]

比如，有些业主装修房屋，会改动房屋的结构，如将三房改成两房，此时要留意：绝对不能拆除承重墙！因为承重墙在结构上起到非常重要的负载作用，如果某个业主将其拆除，将危及整个建筑物的安全，损害其他业主的合法权益。除了承重墙不能拆，房屋的其他部位也有许多功能或者技术要求，如防水、通风、采光，装修房屋时需要注意，不能影响到其他业主对房屋的正常使用。

我们来看看2020年湖北省武汉市中级人民法院一个关于判决业

---

① 【法条链接】《民法典》第二百七十二条：业主对其建筑物专有部分享有占有、使用、收益和处分的权利。业主行使权利不得危及建筑物的安全，不得损害其他业主的合法权益。

主不得将阳台改为厨房的案例。[①]

贺先生住某小区6楼603房,韩先生住贺先生楼下503房。某天,韩先生发现自家阳台天花板及墙壁出现渗水现象,经排查水源来自楼上603房的阳台,漏水的原因是贺先生将阳台改造成了厨房,由于阳台本身没有防水层,贺先生在使用厨房时,生活用水便渗漏至韩先生的503房。

韩先生与贺先生协商处理损失赔偿问题,双方未能达成一致意见。贺先生认为自己改造阳台的行为是个人自由,而且本小区也有很多业主这么做,自己并没有过错,不需要为韩先生房屋的修缮费用损失进行赔偿。于是,韩先生将贺先生诉至法院,要求贺先生恢复其阳台原状,并赔偿韩先生损失。

该案经过审理,法院认为:根据法律规定,业主行使权利不得危及建筑物的安全,不得损害其他业主的合法权益。根据中华人民共和国建设部《住宅室内装饰装修管理办法》第5条第1款第2项的规定,住宅室内装饰装修活动,禁止将没有防水要求的房间或者阳台改为卫生间、厨房间。因此,贺先生在装修过程中将603室房屋厨房外的阳台改为厨房,属于违反法律、法规和国家相关强制性标准进行装饰装修的行为。为此,韩先生请求贺先生将厨房外阳台恢复原状(以交房时的竣工图上载明的房屋状态作为恢复原状的标准),并赔偿韩先生损失的请求,合法有据,应予支持。

---

① 本案例以湖北省武汉市中级人民法院(2020)鄂01民终10050号民事判决书为原型编辑整理而成,基本案情及判决理由均有不同程度的删节和修改。

据此，结合本案其他事实，法院判定贺先生恢复阳台原状，并赔偿韩先生修缮费用1万元。

【余律师支招】

如果你是装修方，要认识到自由装修是有限度的，在施工之前必须确定不会对房屋结构造成安全隐患；对于其他业主，一旦发现装修方存在威胁楼层安全的装修行为，要及时阻止并积极投诉，避免酿成大祸。

07　烦人的物业管理服务费“滞纳金”

业主入住小区后，打交道最多的就是物业管理公司了。物业管理与业主的生活息息相关，从防火防盗、供水供电，到小区卫生、日常服务，物业工作人员都在发挥作用。“物业管理公司”的名称曾经引起过争议，小区业主认为自己聘请物业管理公司，主要是为了得到良好的服务，而不是为了“被管理”。因此，为了突出物业管理公司的服务功能，许多物业管理公司已经将名称更改为物业服务公司。

虽然换名称了，但

许多物业管理公司也只是“新瓶装旧酒”。小区卫生脏乱差,不见环卫人员及时清洁,常有陌生人在小区游荡,保安也不闻不问,最让业主心里“添堵”的是,工作人员态度极差,对业主反映的问题不予理睬或者处理拖拖拉拉,敷衍了事。在实在无法忍受的情况下,许多业主认为,既然物业管理公司没有提供良好的服务和完善的管理,那么我就以停交物业管理服务费表达不满。

但这种停交物业管理服务费的行为,在法律上可未必站得住脚。因为此时业主和物业管理公司的物业服务合同并没有解除,业主在法律上应当继续交纳物业管理服务费。不但如此,如果业主停交时间过长,依照合同约定每月将会产生不少的“滞纳金”,这对业主是非常不利的。

在这种情况下,如果物业管理公司以未交物业管理服务费为由,将业主告上法庭,法律的天平便会出现小小的不平衡。在物业管理公司这边,服务工作没有做好,还理直气壮地要一笔数额不小的“滞纳金”;在业主那边,小区生活没有得到良好的保障,借停交物业管理服务费表达不满,还要担心每月不断增加的“滞纳金”。

在这种失衡的状况下,法律将作出微调,以达到利益再平衡。在小区物业管理服务费纠纷案件中,如果物业管理公司的管理确实有不到位的情况,但还没有达到合同解除的程度,而业主因为维权停交物业管理服务费产生了不少的“滞纳金”,在实践中,由于物业服务合同仍然成立有效,而物业管理公司的服务具有公共性,法院评判物业管理公司的服务是否达标的标准不好掌握,且各个业主主观感觉差别较大,法院一般不支持业主拒交或少交物业管理服务费。但是为了平衡利益,法院往往会让业主免交滞纳金或延期利息。

另外,业主拒交或欠交物业管理服务费时,物业管理公司经常采取断电、断水、封门、罚款或者限制业主进入物业区域等“自力救济”措施对抗业主,以迫使业主履行义务。这些做法完全不合法,法律并没有赋予物业管理公司这种权力。如发生这种情况,业主要保留证据,以便向物业管理公司主张损害赔偿。

我们来看看2019年湖南省长沙县人民法院一个关于判定业主不需要交纳物业管理服务费滞纳金的案例。①

一家物业管理公司将其小区业主熊女士诉至法院,请求法院判决熊女士支付拖欠了67个月的物业管理服务费共10万元,并按合同约定自逾期之日起按日3‰的标准交纳滞纳金。

庭审中,熊女士辩称,该物业管理公司的服务存在瑕疵,物业公司未能履行物业服务职责。例如,其居住楼层无保安值班,常处于无人看管状态。熊女士家中在短期内连续被盗两次,公安机关前去调取监控视频等资料时,物业管理公司却以监控损坏为由不予配合。熊女士认为因物业管理公司自身原因,导致众多业主未能享受到该有的服务,故其以停交物业管理服务费的方式表示不满,希望物业管理公司能改善服务质量。

该案经过审理,法院认为:物业管理公司与业主委员会签订的物业服务合同效力及于小区全体业主。熊女士作为小区业主,尚欠原告物业管理服务费,已违反合同约定,其理应及时履行交纳物业管理服务费的

---

① 本案例以湖南省长沙县人民法院(2019)湘0121民初9739号民事判决书为原型编辑整理而成,基本案情及判决理由均有不同程度的删节和修改。

义务。但鉴于原告提供的物业管理服务存在瑕疵,对被告的正常生活产生了一定影响,本院结合本案具体情况,酌情确定被告按照约定标准的90%向原告支付其拖欠的物业管理服务费90,000元。被告拒交物业管理服务费的行为虽不妥当,但事出有因、并非恶意拖欠,且原告的物业管理服务存在一定瑕疵,被告以拒交物业管理服务费的方式表达诉求情有可原,故对于原告要求被告承担滞纳金的诉讼请求,法院不予支持。

据此,结合本案其他事实,法院判决熊女士支付物业管理服务费90,000元,驳回了物业公司提出的滞纳金诉求。

【余律师支招】

如果你是业主,用拒交物业管理服务费的方式表达对物业管理公司的不满,实在无此必要,实在觉得物业服务一塌糊涂的,可以建议业主大会通过法律程序撤换物业管理公司;如果你是物业管理公司,遇到许多业主拒交物业管理服务费的情况,则可能意味着你的经营管理存在问题,企图拿“滞纳金”去吓唬业主,并非明智之举,法院也不一定会支持你,改进工作,提高服务质量,才是正道。

08 谁拿走了小区外墙的广告收益

现代生活小区,一栋栋高层或多层楼房的外墙面一般都整洁干净,不会专门涂上装饰画。但是,如果小区处于闹市区,或者邻近商业人流集中地段,这个小区的外墙面就可能成为“商家必争之地”,各种商家会通过在此悬挂广告以吸引消费者,获得竞争优势。如此,对于这笔可观的广告收益,到底属于开发商还是小区业主,就成了争议的焦点。

小区许多业主认为这部分的收益应当归业主,由于涉及利益较大,开发商自然有了反对意见,于是抛出几个似是而非的说法,如“虽然房子是业主的,但是外墙面是开发商保有的”,或者“你们业主还没有入住,我们已经让商家在这里做广告一年了,这广告费怎么可能是你们的呢”?

其实,开发商的说法根本站不住脚。因为在法律上,外墙面是房屋的组成部分,与房屋的专有部分不可分割。开发商出售专有部分的时候已经计算了外墙面的面积,不可能由开发商为业主支付单独的成本,由此业主对外墙面保留所有权并享有收益。所以,开发商不可能保留小区外墙面的所有权,其产生的广告收益应该归业主共有。

我们来看看2019年浙江省温州市中级人民法院一个关于判定小区外墙广告收益归业主共有的案例。①

位于温州市某区某路的开太天厦是由温州开太房地产公司开发

① 本案例以浙江省温州市中级人民法院(2019)浙03民终5966号民事判决书为原型编辑整理而成,基本案情及判决理由均有不同程度的删节和修改。

的楼盘。开发商在开太天厦非居住建筑物外立面设立一处LED广告位,用于投放各类商业性广告,该LED广告位上方放置“开太百货”字样的商场名字,东南面两处广告位,均用于百货品牌广告。小区业主认为开发商上述设置广告牌的行为侵害了其对房屋外墙面屋顶享有的完整合法权利,遂联合请求业主委员会将开发商诉至法院。

该案经过审理,法院认为:业主对建筑物内的住宅、经营性用房等专有部分享有所有权,对专有部分以外的共有部分享有共有和共同管理的权利。涉案开太天厦非居住建筑物的外立面及四楼露天平台均系全体业主共有,原告的该项主张,有事实与法律依据,依法予以支持。关于广告位的收益分配问题,考虑到被告开发商系经营百货的公司,且有自己的商场品牌“开太百货”,故其在LED上方使用百货字号和建筑物外立面东南面两处广告位设置百货品牌广告的行为,系对建筑物外立面的合理使用,而被告将LED广告位出租并部分用于投放商业性广告的收益应归全体业主共有。

据此,结合本案其他事实,法院认定小区外墙广告收益归业主共同所有,遂判决开发商向业主委员会返还广告位租赁费用。

【余律师支招】

如果你是业主,发现你们小区的外墙面做了广告,要清楚地认识到这些收益归业主共有,并要求业主委员会对这部分收益给予充分的关注并收回;如果你是开发商,擅自将小区外墙面的广告收益据为己有,恐怕要做好被业主追讨的准备。

第三章

租　房

09　押金变定金的巧妙之处

在房价飞涨的这些年，租金的上涨幅度并没有同步。但是每年春节过后，由于返工潮的到来，北上广深等一线城市也会出现租金大涨的情况。春节后返回深圳工作的人们发现，不仅房租飞涨，而且就算加价居然也租不到房子。

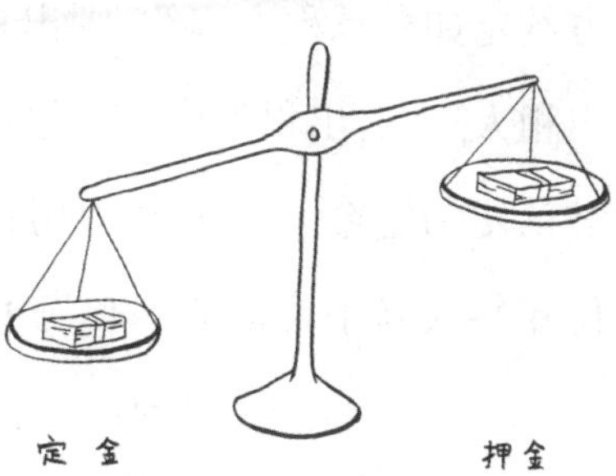

一位年轻人好不容易在公司附近看好了一套房子，而且与房东签好租约，交了 6000 元押金。后来，房东居然毁约，他无奈只能重新寻找房屋，实在气愤不过，便向房东索

赔,除了要求返还6000元押金,他认为房东属于恶意违约,还要再赔偿他6000元。

这个要求似乎有点道理。因为按照对等原则,如果毁约的是这位年轻人,相信这6000元押金他是要不回来的,而此时是房东毁约,就应当也赔偿对等的6000元才算合理。

但是,这种认识其实得不到法律的支持。问题出在哪里?就出在那张"押金条"上。依照押金的法律性质和违约金赔偿原则,此时,房东只需将押金6000元返还给这位年轻人,并赔偿他的损失即可。然而,这位年轻人的损失究竟是1000元还是2000元,很难有确切依据计算出来。因此,这位年轻人并不能获得多少赔偿。问题的关键在于,押金在法律上并不自动具有双倍返还的功能。依据法律规定,要使自己预先支付的金额在对方违约时具有双倍返还的功能,就必须启动"定金"条款。①

因此,租客为了达到要求房东双倍返还押金的目的,有一招可以用,即利用定金条款,将押金的法律性质改成定金即可。具体方法是,双方约定如果承租人违约,则出租人有权不退还承租人交付的押金;如果出租人违约,出租人应双倍退还给承租人交付的押金,此时押金就可以被认定为定金。如上例中房东毁约,由于适用定金双倍返还原则,这位年轻人除了可以要回自己的6000元,还可要求房东再赔6000元。

---

① 【法条链接】《民法典》第五百八十七条:债务人履行债务的,定金应当抵作价款或者收回。给付定金的一方不履行债务或者履行债务不符合约定,致使不能实现合同目的的,无权请求返还定金;收受定金的一方不履行债务或者履行债务不符合约定,致使不能实现合同目的的,应当双倍返还定金。

【余律师支招】

如果你是租客，在签订租约的时候，可以将“押金”改为“定金”，并且适用双倍返还赔偿的约定，在房东毁约的时候，则有可能获得双倍返还；同理反推，如果你是房东，最好就不要改了。

10 租客偷做二房东，业主要表态

租客租下房屋，多数是为了自己居住。在居住过程中，也许会冒出将房屋转租赚取租金差价的想法。

为了保护房东的利益，法律对此有限制，不让租客随意将房屋转租。法律认为，转租必须经过房东的同意，如果未经房东同意转租房屋，房东有权收回房屋，并要求租客赔偿。① 但是，如果租客偷偷将房屋转租，房东事后才知道，是不是房东

① 【法条链接】《民法典》第七百一十六条：承租人经出租人同意，可以将租赁物转租给第三人。承租人转租的，承租人与出租人之间的租赁合同继续有效；第三人造成租赁物损失的，承租人应当赔偿损失。承租人未经出租人同意转租的，出租人可以解除合同。

在任何时候都可以向租客表示解除合同,要求赔偿呢?

事实未必如此。虽然租客擅自转租为有错在先,但如果房东知道后不及时表态,也将使法律天平出现失衡。因为,对于现住房子的二次租客,他本身可能不知道自己所住的房屋是非法转租过来的,也不知道现在的租约处于不稳定的法律状态,如果房东不及时确定是否追认,不利于无辜方的利益保护;对于房东,凡事都有个时限,如果迟迟不表态,也属于滥用法律权利,对社会正常的经济秩序反而有害。

为纠正这种失衡状况,法律作出了调整。法律认为,租客未经业主同意将房屋以更高的价格转租出去,业主知道后如果6个月内未表态,则视为同意转租,①那么无法获得高出部分的租金;如果在6个月内表示异议,则可以解除合同,并拿回高出的租金。

我们来看看2019年江苏省常州市武进区人民法院一个关于判定房东知道房屋被转租但6个月内未表态导致不能解除合同的案例。②

周先生和邱先生签订了《租赁合同》,约定周先生将位于常州市武进区高新区南区某街道9号商业街5B号的商铺租给邱先生做办公用,租期10年,2012年1月1日起至2021年12月31日止。2013年,邱先生将上述商铺转租给李某。2019年,周先生将上述商铺的所有权转让给张先生。后来,各方产生了纠纷,协商未果,遂诉至

---

① 【法条链接】《民法典》第七百一十八条:出租人知道或者应当知道承租人转租,但是在六个月内未提出异议的,视为出租人同意转租。

② 本案例以江苏省常州市武进区人民法院(2019)苏0412民初9481号民事判决书为原型编辑整理而成,基本案情及判决理由均有不同程度的删节和修改。

法院。

张先生认为,周先生和邱先生签订的租赁合同并没有约定邱先生有转租房屋的权利,而邱先生未经出租人书面同意擅自转租,自己有权解除租赁合同关系收回房屋,合同解除后,现房屋实际占有使用人李某负有返还房屋的义务。

邱先生辩称,周先生早在2013年便知道转租的事实,但当时并没有表示不同意,就应当视为默认允许转租。依据"买卖不破租赁"原则,张先生作为新的所有权人应当继续履行原租赁合同的内容,保障自己作为承租人的合法权益。

经过审理,法院认为:承租人未经出租人同意转租的,出租人可以解除合同。出租人知道或应当知道承租人转租,但在6个月内未提出异议,其以承租人未经同意为由请求解除合同或者认定转租合同无效的,法院不予支持。本案中,邱先生于2012年1月1日承租案涉商铺,并于2013年5月将案涉商铺转租,案涉商铺多年来一直进行转租,由不同经营者经营,商铺外观的变化显而易见。多年来,周先生对商铺的经营状态应有所了解,应当知道其转租情况,但并未曾提出过解除合同。张先生于2019年8月9日取得案涉商铺的所有权证,其在购买商铺前亦已实地考察,案涉商铺存在不同的经营外观,其对购买的商铺情形应予以知晓,现商铺的租赁状态属于过去转租状态的延续,因此张先生无权以邱先生转租案涉商铺为由解除合同。

据此,结合本案其他事实,法院判定涉案租赁合同并不因此解除。周先生、张先生为当时没有及时表态付出了代价。

【余律师支招】

如果你是房东,发现租客擅自转租房屋,要及时主张权利,并追究损失。要注意的是,虽然租客有"鬼",房东有理,但如果房东不及时表明态度,在法律上也将丧失权利。如果你是租客,想背着房东转租房屋牟利,千万不要以为房东收了租金就万事大吉,因为事后业主也有可能解除合同,要求收回房屋,并追缴租金差价。

11 既然不同意,就不要装作不知道

租客租下房子后,在房屋使用过程中,当然要尽量保持房屋原有状态,不得损坏房屋和其他设施。但是,有些租房的用途是开办商铺或酒店等,进行一些装修也属于情理之中。有些租客认为,既然都说明了是做商业用途,就可以不和房东商量,直接进行装修。

法律可不支持这种做法。法律规定,没有经过房东同意,租客不得转租、装修房子,毕竟这房子不是租客自己的,不能任意使用。特别是装修方面,如果实在要改变原有的装修环

境,一定要经过房东的同意。[1]

但是,日常生活中,装修常常发生在租客已经入住之后,租客说了要装修,房东也到现场看过,此时双方并没有形成正规的书面文字。而事后房东反悔,以当时并没有明确表态同意装修为由,要求租客停止装修,恢复原状,甚至要求赔偿。如果房东的请求可以成立,那么法律天平将失去平衡,租客将会遭受很大的损失。

此时,法律仍然将发挥再平衡作用。法律认为,租客提出装修要求,房东虽然没有通过语言或者文字表达意见,但其行为符合平时的交易习惯表明已经接受的,可以视为同意。[2]

实践中,法院也是这样认为的,只要房东曾去过现场又没有提出反对意见,则可能在法律上被认为“默示同意”,到时房东再提出反对意见,法院并不一定支持。

我们来看看2018年天津市第二中级人民法院一个关于判定房东默认装修的案例。[3]

王先生租了刘先生的一个商铺开展经营多年,后来因刘先生原因,导致双方签订的《房屋租赁合同》无法继续履行,最终双方协商解除协议。但双方就王先生提出要求刘先生补偿装修费用30,000元的

---

① 【法条链接】《民法典》第七百一十五条:承租人经出租人同意,可以对租赁物进行改善或者增设他物。承租人未经出租人同意,对租赁物进行改善或者增设他物的,出租人可以请求承租人恢复原状或者赔偿损失。

② 【法条链接】《民法典》第一百四十条:行为人可以明示或者默示作出意思表示。沉默只有在有法律规定、当事人约定或者符合当事人之间的交易习惯时,才可以视为意思表示。

③ 本案例以天津市第二中级人民法院(2018)津02民终3569号民事判决书为原型编辑整理而成,基本案情及判决理由均有不同程度的删节和修改。

问题产生争议,协商不成,遂诉至法院。

刘先生辩称,王先生装修未经刘先生同意,属于擅自装修,其损失不能成立。王先生在租赁房屋过程中,未经刘先生同意,私自对原房屋进行装修,违反了合同约定和法律规定,对此,王先生负有对出租房屋恢复原状的义务。在诉讼中,王先生反而要求刘先生对上述装修费用予以赔偿,从法律上和事实上均不能成立,该损失是由王先生自己的违约行为造成的,损失应当由王先生全部承担。

案件经过审理,法院认定:刘先生主张王先生的装修行为未经其同意,属于私自装修,但因租赁标的物属于商铺,且位于地面一层,所以王先生所提出的装修项目并非隐蔽工程,刘先生作为出租方提出对于王先生装修行为不知情的诉讼意见,明显违反常理。此外,在王先生实际经营期间,刘先生亦未提供证据证明其曾对王先生的装修行为提出异议或要求整改,故应视为刘先生对于王先生的装修行为予以认可。刘先生主张王先生擅自装修的诉讼意见,本院不予支持。

据此,结合本案其他事实,法院酌情判令刘先生赔偿王先生装修费用27,000元。

【余律师支招】

如果你是租客,要装修房屋,注意必须取得出租人的同意;如果你是房东,不同意租客装修的话,在现场看过后一定要作出明确的反对,否则会被视为“默认同意”。这种纠纷多发生于租赁商铺开办酒店、宾馆、药店等经营活动中。

12 原租客的特权

租赁合同，总有到期的时候。

有人也许并不这么认为：我与业主签订永久性的房屋租赁合同，便不会有到期的时候，我可以一直租用下去，只要业主同意就行，别人不得干涉。这种过于自信的想法，将被法律击破。法律规定，租赁期限不得超过20年，超过的部分无效，[1]即使业主同意也没有用，不受法律保护。如果确实要续租的，还需再行签订一份租赁合同。同样，再签的合同也不能超过20年租赁期限。因此，只要是租赁关系，承租人想通过一次性签订合同，实现永久性租用，法律并不允许，承租人千万不要被自己这美丽的误解而迷惑，从而遭受损失。

其实，现实中的租赁合同期限多数并不长，居住用的，以1年、3年、5年为主；经营用的，10年左右的常见，20年期限的少见。

---

① 【法条链接】《民法典》第七百零五条：租赁期限不得超过二十年。超过二十年的，超过部分无效。租赁期限届满，当事人可以续订租赁合同；但是，约定的租赁期限自续订之日起不得超过二十年。

租赁合同一旦到期,业主的选择权凸显重要,业主还愿不愿意将房屋再租给原租客,便成为疑问。多数人认为,这个不是问题,与谁签订新的租赁合同,完全属于业主的自主权,如果连这项权利都没有,还是什么业主?只要租赁合同到期,即使原租客表示愿意再续租,甚至愿意以新租客同等条件承租,业主也完全可以不同意,坚持让原租客搬离,仅凭自己的喜好,将房屋租给新租客。原租客只能卷铺盖走人。

如此一来,法律的天平便失去了平衡。对原租客而言,房屋租赁到期一律搬离,将失去原有的一切生活便利条件,如子女就近上学和自己上班的交通便利,如是经营者,则将造成原有客户群的疏远、商铺装修的巨大经济损失等;对业主而言,在原租客愿意支付同等租金等情况下,仍然坚持以租赁合同到期为由驱赶原租客,将房屋租给新租客,无疑是对社会资源的一种浪费,也不利于和谐稳定的社会秩序。

由此,《民法典》作出了新的规定。①《民法典》认为,租赁合同到期后,如果原租客继续使用该房屋,业主没有表示反对的,原合同将继续有效,原租客可以继续使用该房屋;关键在于,如果业主表示反对,执意要将房屋租给新租客,法律将赋予原租客一个优先权:只要原租客表示愿意以与新租客的同等条件续租,业主的自主权就要受到限制,不能将房屋租给新租客,只能留给原租客。

例如,张先生在一个大型住宅小区的附近,租了一个商铺,开办眼

---

① 【法条链接】《民法典》第七百三十四条:租赁期限届满,承租人继续使用租赁物,出租人没有提出异议的,原租赁合同继续有效,但是租赁期限为不定期。租赁期限届满,房屋承租人享有以同等条件优先承租的权利。

镜店，为周边居民提供验光配镜等服务。张先生与业主签订的租赁合同期限为 5 年，租金以每平方米 100 元计算。合同到期后，业主要求张先生退出该商铺，理由是他将以租金每平方米 130 元的价格，与另外一个眼镜店老板签订租赁合同。

张先生闻讯，急忙表示自己愿意以新的租金每平方米 130 元的价格续租该商铺。张先生非常担心，一旦不能继续在此经营，其 5 年苦心经营积累的客户群以及良好的品牌口碑，将付之东流，损失不可估量。但是，业主偏偏不喜欢与张先生继续打交道，强调要行使业主自主权，选择新租客，不同意张先生在同等条件下续租的请求。

在《民法典》施行之前，张先生拿业主没有办法，由于合同到期，业主不愿与他续租，他只能搬离。但是如今，《民法典》已经施行，张先生获得了一个优先承租权，在本例中，只要张先生愿意以新租客同等的条件续租，业主就必须与张先生签订新的租赁合同，不得驱赶张先生，不得肆意行使业主选择权。

【余律师支招】

如果你是原租客，平日最好与业主好言相处，免得业主在合同到期时，一心要求你搬离。当然，如果业主一味意气用事，你便可以在业主与新租客约定的同等租赁条件之基础上，行使优先承租权，要求业主继续与你签订租赁合同。如果你是业主，在租赁合同到期时，即使要选择新租客，也必须将新的租赁价格等条件及时告知原租客，如果不告知原租客，侵犯其优先承租权，就要对原租客进行赔偿，得不偿失。

13 消防验收和租赁合同的关系

商场开展经营活动需要向业主租下大面积的场所,在经营过程中,商场经营公司和业主也许会发生矛盾,引发利益纠纷。在这些纠纷中,曾有一个问题浮现出来:如果该场所未经过消防验收,该商场的租赁合同是否无效?

提出这个问题的,既可能是商场经营公司,也可能是业主,但他们有不同的目的和动机。

对于商场经营公司,有可能是在该场地的租赁合同刚刚签订,还未正式装修投入使用时,该公司不愿继续履行合同或者想换个地方经营,但是又不好直接毁约,便提出租赁合同无效的说法,期望自己既不用履行合同,又免于承担违约金。

对于业主,有可能是该场所已经装修经营一段时间,商场经营公司和业主发生矛盾且无法调和,业主便提出租赁合同无效的说法,给商场经营公司造成压力,迫使其作出某些让步。毕竟该公司已经经营了一段时间,不太愿意重新折腾更换场所。

多数人认为,只要没有通过消防验收,租赁合同必然无效。

其实未必,法律对此的态度非常明确,既有原则规定也有例外规定。相关裁判规则认为,大多数的房屋未经消防验收合格,该租赁合同肯定是无效的。但如果是那些不需依法做消防设计的房屋,如现代城市中年代较久远的“城中村”房屋、农民在宅基地上所建的房屋,其租赁合同和消防验收适用两种不同的法律关系,没有直接的联系,未经消防验收,也不影响租赁合同的效力。①

【余律师支招】

对于想使合同无效的一方,不能一看到某个事项未经审批,就以为可以拿来作为主张合同无效的理由,必须去找明确的法律事由,不能凭主观判断;对于想维持合同有效的一方,要清楚知道行政审批和民事合同是两种不同的法律关系,大多数情况他们互相影响,但有时候也没有关系。

---

① 吴庆宝、刘子平主编:《房地产纠纷裁判标准规范》,人民法院出版社 2009 年版,第 319 ~ 320 页。

第四章
卖　房

14　买卖不破租赁，有时让业主很难受

业主如果准备出售房屋，一般会先将房源出售的信息告诉地产中介，中介便会安排一些买家来看房。这时，有的业主发现，一些买家不喜欢带租约的房子，如果房子里还有租客的话，就会影响房屋出售的价格和时机。于是，业主可能就会打电话给租客，说房子已经在放盘出售，要租客提早做好准备搬走。业主认为，“房子都要卖掉了，你就别住了，赶紧搬吧”。

如果业主提的这项要求成立的话,法律天平将失去平衡。对于业主来说,虽然房子是自有的,想租就租,想卖就卖,这是当然的权利。但是如果随意要求租客搬走,以满足自己出售的便利,将对租客非常不公平。对于租客来说,与业主签订的租赁合同仍然生效,业主要求自己搬走既是毁约行为,也会造成其生活不便和经济损失。

为此,法律将作出再调整。法律认为,房子买卖不影响租赁,该卖的卖,该住的继续住,法律术语叫作"买卖不破租赁"。① 只要原来的租约没有到期,租客就还有权利住在那里。这样,法律天平才会恢复平衡。

我们来看看2021年辽宁省朝阳市中级人民法院一个关于判定买卖不破租赁的案例。②

白小姐于2015年10月与王某签订了《酒店承租协议》,承租登记在王某名下的位于朝阳市城关管理区某街道的商铺房屋,租赁期自2015年12月10日起至2035年12月10日止,共计20年。2016年1月,刘先生通过司法拍卖取得王某上述房屋的所有权。后来,白小姐与刘先生在是否继续履行该租赁合同的问题上产生矛盾,作为新房东,刘先生要求白小姐搬离自己的房屋。对此,双方协商不成,便诉至法院。

很显然,本案首先要弄清楚的就是,刘先生成为房屋新的所有权人之后,刘先生和白小姐之间是否存在租赁关系,如果不存在,白小姐就无权继续居住该房屋,如果存在,法院便可以按照租赁双方应当承

---

① 【法条链接】《民法典》第七百二十五条:租赁物在承租人按照租赁合同占有期限内发生所有权变动的,不影响租赁合同的效力。

② 本案例以辽宁省朝阳市中级人民法院(2021)辽13民终304号民事判决书为原型编辑整理而成,基本案情及判决理由均有不同程度的删节和修改。

担的义务来辨明是非,作出判决。

该案经过审理,法院认定:依据双方当事人的陈述,结合现有证据可以认定,白小姐租赁涉案房屋在前,刘先生通过司法拍卖取得涉案房屋所有权在后,且刘先生取得所有权时明知涉案房屋存在租赁关系等事实。依据“买卖不破租赁”原则,拍卖财产上原有的租赁权不因拍卖而消灭,白小姐基于租赁关系居住在诉争房屋中属于合法占有,故刘先生要求白小姐腾迁的诉讼请求不能成立,法院不予支持。刘先生主张白小姐与案外人王某之间签订的租赁协议是恶意串通,逃避法律制裁的违法协议,但其不能提交充分证据予以证明,法院依据租赁协议书认定租赁关系存在并无不当。

据此,结合本案其他事实,法院认为白小姐并没有构成违约,于是不支持刘先生要求白小姐退房的请求,而是判定双方继续履行原有的租赁合同。

综上可以看出,“买卖不破租赁”有时会让业主很难受,于是,有业主便想出一些招数来规避这条原则的适用。他们挺有“远见”,在签订房屋租赁合同的时候,加上“如遇业主出售房屋,原租赁合同便解除”的条款,以双方协商约定的方式来排除“买卖不破租赁”的适用。这样做,虽然存在一定的争议,但目前确实也有相应的法律依据。[①]

---

① 【法条链接】《最高人民法院关于审理城镇房屋租赁合同纠纷案件具体应用法律若干问题的解释》(2020年修正)第十四条:租赁房屋在承租人按照租赁合同占有期限内发生所有权变动,承租人请求房屋受让人继续履行原租赁合同的,人民法院应予支持。但租赁房屋具有下列情形或者当事人另有约定的除外:(一)房屋在出租前已设立抵押权,因抵押权人实现抵押权发生所有权变动的;(二)房屋在出租前已被人民法院依法查封的。

【余律师支招】

如果你是租客，当业主要卖房的时候，你不要担心，只要还在租约期内，该怎么住就怎么住，不用想搬家的事，业主此时赶你走属于不合法的违约行为；如果你是业主，不愿意受“买卖不破租赁”的限制，可以在与租客签租约的时候，尝试将“如遇业主出售房屋，原租赁合同便解除”的条款放进去，争取破除“买卖不破租赁”的适用。

15 业主卖房的自由度

“我的房子我做主”，作为业主，卖房还是不卖房，卖给这人还是卖给那人，应该是完全自由的，这是大多数人的想法。

其实并非如此。如果该房屋有租客，那么法律规定，租客对所住的房屋有同等条件下的“优先购买权”。业主卖房时，要及时告诉租客出售的价格和条件，只要租客也愿意支付同等的价钱购买，那么业主就应该将房屋卖给租客，而不能选择卖给别人。

“优先购买权”可以保护租客利益,但有时也会被租客滥用。比如,有些租客在接到业主的通知后,迟迟不表态。租客不表态,则业主不能进行交易,如果强行交易,就会侵犯租客的“优先购买权”,事后可能被租客起诉。然而,租客故意不表态,却可能使业主延误卖房的时机,造成经济损失。因此,租客如果滥用“优先购买权”,可能造成法律天平的失衡。

在这种失衡状况下,法律将再次发挥平衡作用。法律认为,业主履行了通知义务后,租客如果在15日内不表示购买,就可以认为租客放弃了“优先购买权”,业主和其他买房人的交易可正常进行。[①]

我们来看看2020年浙江省温州市龙湾区人民法院一个关于判定租客15日内未表态便视为放弃“优先购买权”的案例。[②]

润宝开发公司要销售温州某国际机电城(以下简称机电城)某商铺房产,与第三人季某签订了一份房地产买卖合同,季某一次性付清327万元价款。双方办理了过户手续。

数月后,该房屋的原租客王先生向润宝开发公司提出,由于王先生具有“优先购买权”,此前润宝开发公司将王先生承租的房屋出售给他人的行为是违法的,应当予以撤销,王先生要以同样的价格买下这套房屋。润宝开发公司不同意,认为王先生纯粹是“瞎闹”。双方产生

---

① 【法条链接】《民法典》第七百二十六条:出租人出卖租赁房屋的,应当在出卖之前的合理期限内通知承租人,承租人享有以同等条件优先购买的权利;但是,房屋按份共有人行使优先购买权或者出租人将房屋出卖给近亲属的除外。出租人履行通知义务后,承租人在十五日内未明确表示购买的,视为承租人放弃优先购买权。

② 本案例以浙江省温州市龙湾区人民法院(2020)浙0303民初3849号民事判决书为原型编辑整理而成,基本案情及判决理由均有不同程度的删节和修改。

争议,协商不成,遂诉至法院。

本案经过审理,法院认为:若出租人履行通知义务后,承租人在15日内未明确表示购买的,承租人主张优先购买房屋的,人民法院不予支持。润宝开发公司作为机电城商品房项目开发商,一期房屋多达300余套,其在温州市商品房网上销售管理系统公开发布销售方案,2017年9月22日在温州商报刊登商铺出售通告,并提醒承租户未在指定期限明确购买意向的,视同放弃优先购买权。该销售行为是面向社会公众包括机电城内全体承租户的公开行为,不同于单一二手房的出售,本案开发商出售商铺信息渠道较多,原告作为机电城租户,可通过售楼处、“某温州国际机电城市场服务交流群”、身份为被告销售人员的朋友的朋友圈、邻居商铺人员等多渠道了解商铺出售信息。依据高度盖然性标准,法院认为润宝开发公司已尽到在出售商铺之前的合理期限内履行通知的义务,因承租人王先生在合理期间内未明确表示购买,对其主张优先购买权,法院不予支持。

据此,结合本案其他事实,法院最终驳回了王先生行使“优先购买权”的请求。

【余律师支招】

作为业主,卖房时要及时通知租客出售意向、价格等交易条件,因为租客有“优先购买权”,但在通知15日之后,如果租客未表态,则业主就可以进行交易了;作为租客,虽然有“优先购买权”,但也并不意味着只要你不同意,就能阻碍业主卖房,此时你只有两个选择,要么同意业主将房屋卖给别人,要么自己买下来,而且只有15日的考虑时间。

16 当租客的“优先购买权”遇到业主的近亲属

自从知道了法律上的“买卖不破租赁”和“优先购买权”之后，有些租客似乎觉得底气十足，在业主卖房的时候，便充分行使自己的权利，对业主说这也不行那也不行。

其实，法律在赋予租客权利的同时，也对这种权利的行使设置了一定的限制，以适应市场交易的多样性，达到双方利益的平衡。

法律认为，业主卖房时，租客虽然在同等条件下享有“优先购买权”，但如遇到业主是将房子卖给他(她)的一些亲属或共有人的话，就不管用了。因为卖房给自己的近亲属，除了价格因素，还有其他关系和因素夹杂其中，承租人并不能完全取代。①

比如，业主将房屋卖给自己的姐姐，其交易价格只有市场价格的

---

① 【法条链接】《民法典》第七百二十六条：出租人出卖租赁房屋的，应当在出卖之前的合理期限内通知承租人，承租人享有以同等条件优先购买的权利；但是，房屋按份共有人行使优先购买权或者出租人将房屋出卖给近亲属的除外。出租人履行通知义务后，承租人在十五日内未明确表示购买的，视为承租人放弃优先购买权。

一半或者业主只收取象征性的价钱,那么租客就不可能要求业主以同样的价格卖给自己了。这是人之常理,不需要任何解释。

需要再次明确,租客不能行使“优先购买权”的情形在于交易对象是业主的近亲属时,包括配偶、父母、子女、兄弟姐妹、祖父母、外祖父母、孙子女、外孙子女,对于其余亲戚朋友,租客仍然可以行使“优先购买权”。

【余律师支招】

如果你是租客,当业主将房屋卖给他的近亲属时,那就不要去主张“优先购买权”了;如果你是业主,即使是卖房给近亲属,也要及时通知租客。毕竟,租客在法律上仍然有知情权。

17 “凶宅”出售须知

出售房屋时,业主都会将房屋的产权归属、质量现状和使用历史等情况如实地告知买家,这是法律的要求,也是诚信交易的体现。一般情况下,业主都能做到这一点。

但是,如果房屋是所谓的“凶宅”,情况就会发生变化。法律上并没有“凶宅”的概念,只是人们对那些发生过如杀人、烧死人或者其他非正常死亡事件的房屋的称呼。业主为了成功地将“凶宅”卖出,多数会选择不说明房屋的这段历史。遇到质疑时,业主通常借口说,“这房

屋质量、产权没有问题就可以了,说不说以前的事无所谓”。

如果这样,法律天平将严重失衡。对业主而言,隐瞒了“凶宅”的真实情况,将不容易脱手的房屋成功销售出去,是一大利好;而对于买家,在不知情的状况下将“凶宅”买回来,绝对是不能接受的。因为该房屋虽然没有质量问题和权利瑕疵,但是按照社会观念和风俗习惯,“凶宅”会使人精神恐惧,根本无法正常居住。而且,买家想再转手卖出去的时候,如果新买家知道了,也卖不出去了或者只能以超低价售出,将遭受经济损失。

在这种失衡状况下,法律也将作出调整。法律认为,在交易中,双方都要遵循诚实守信的原则。① 业主应当将与房屋有关的全部重要信息充分告诉买家,让买家可以根据所了解的情况决定买还是不买,作出出于本意的真实选择。如果业主隐瞒“凶宅”这一信息,无异于剥夺了买家的知情权和选择权。由此,买家可以申请撤销买卖合同,②其间造成的损失,由业主承担赔偿责任。

① 【法条链接】《民法典》第七条:民事主体从事民事活动,应当遵循诚信原则,秉持诚实,恪守承诺。

② 【法条链接】《民法典》第一百四十八条:一方以欺诈手段,使对方在违背真实意思的情况下实施的民事法律行为,受欺诈方有权请求人民法院或者仲裁机构予以撤销。

这个原则要求对地产中介也是适用的。在现实中，买家通常委托地产中介去寻找房源，而地产中介消息较为灵通，如果是“凶宅”，多数中介是知道的。但是为了实现销售，他们也可能故意隐瞒，不告知买家真实情况。法律认为，地产中介应该向买家如实报告，否则损害了买家的利益，不但要退回中介佣金，还要向买家赔偿损失。[①]

我们来看看2020年福建省龙岩市中级人民法院一个关于“凶宅”买卖退房退款并判定卖家承担赔偿责任的案例。[②]

陈某通过房产中介公司介绍向邓某购买了一套住房，房款共388万元。房款付清后，陈某准备将该房屋作为婚房使用。装修期间陈某总听见该栋楼的邻居议论自己最近所购房屋，陈某觉得很奇怪，后向邻居打听，才知道案涉房屋曾发生过人员室内死亡的不幸事件。

陈某得知自己购买的是“凶宅”后，便起诉了原业主邓某和中介公司，请求法院解除该“凶宅”买卖合同，要求邓某返还房款388万元并赔偿包括但不限于中介费、交易代办费、税费等损失。

庭审中，陈某认为，“凶宅”是不吉利的，而且自己购买此房屋的初衷是作为婚房使用，其在不知情的情况下以市场价格购买了邓某的“凶宅”，根本没办法接受，遂请求撤销房屋买卖合同，由邓某退回购房

① 【法条链接】《民法典》第九百六十二条：中介人应当就有关订立合同的事项向委托人如实报告。中介人故意隐瞒与订立合同有关的重要事实或者提供虚假情况，损害委托人利益的，不得请求支付报酬并应当承担赔偿责任。

② 本案例以福建省龙岩市中级人民法院(2020)闽08民终1226号民事判决书为原型编辑整理而成，基本案情及判决理由均有不同程度的删节和修改。

款并赔偿陈某损失。邓某却认为,房屋内存在生老病死是自然规律,并非社会生活中通常意义上的“凶宅”,而且“凶宅”的概念并不影响房屋的实际使用价值,不应当作为撤销房屋买卖合同的理由,不同意陈某的请求。

该案经过审理,法院认为:当事人依法自愿订立的合同,对当事人具有法律约束力。当事人行使权利、履行义务应当遵循诚实信用原则。陈某曾向邓某询问出售的房屋内是否发生过死亡事件,邓某予以否认,致使陈某对房屋内曾发生死亡事件不知情而购房。死者张某并非房屋使用人,是在涉案房屋内完成修理工作时突然去世的。虽然非居住者猝死的情况不能认定为非正常死亡事件,但有别于一般的正常死亡事件如房屋使用人在居住、使用过程中因病或年老在房屋中去世。尽管邓某认为该死亡事件不会影响房屋正常交易,但根据我国的善良风俗及日常生活经验,此种情形可能会影响一般购房者的心理,包括忌讳、恐惧、焦虑等,进而造成房屋交易价值的降低,与当事人在缔约时真实意思表示不符,违背了买受人对于房屋实际价值的期待。因此,法院认定双方在订立买卖合同时存在重大误解,该合同违背了陈某的真实意思表示,故陈某主张撤销涉案买卖合同,予以支持。

据此,结合本案其他事实,法院判决撤销陈某与邓某的房屋买卖合同,邓某向陈某返还购房款388万元并按中国人民银行同期贷款基准利率赔偿利息损失。

【余律师支招】

如果你是买家，担心买到“凶宅”，首先要自己充分调查房屋背景，并要求卖方和中介如实告知房屋的真实情况，形成书面证据，一旦后来发现对方有隐瞒真相的情况，也可以索赔；如果你是卖家或者中介，不要为了急于出售房屋而行欺诈之事，毕竟“纸包不住火”，还是诚实守信为好。

二

生意篇

第一章

合同签订

18 签字盖章，到底意义为何

当你和别人做生意签合同的时候，如果对方是公司，你认为只要对方董事长签字或者公司盖了章，合同就成立？还是认为一定要对方董事长签字和公司盖章同时齐备，合同才成立？

这个问题看似简单，但并不是每个人都能斩钉截铁地说出答案的。大多数人会说，“不管怎样，我会尽量让对方既签字又盖章”。

这样做确实是最稳妥的,但是如果法律上也要求必须两者齐备,合同才能成立生效,那将会产生概念上的矛盾。因为,如果一定要法定代表人签字和公司盖章齐备,合同才成立的话,那么法定代表人的设置就没有意义,“法定代表人”签了合同也不能成立,还叫什么“法定代表人”?同时,公司的印章也失去了意义,公司盖了章竟然也不能代表公司,那还要公章干什么?

为解决这个矛盾,法律最终明确:在双方签订书面合同时,当事人均签名、盖章或者按指印时合同成立。[①] 签字或者盖章两者有其一即可,并非一定要两者齐备。法律在签字和盖章之间采用了顿号,表明了自己的态度。

虽然在法律上有了定论,但在签合同的时候也还是要小心,因为双方也可以自由约定必须经过签字和盖章同时具备,合同才成立。而在现实中,多数人在签合同时往往并没有仔细阅读合同文字,有时合同中对此已经作出了特殊约定,许多人还是浑然不知,以致酿成大错。

如果合同约定“签字或者盖章后生效”及“签字和盖章后生效”,意义非常明确,当事人对此应该不会有争议;但如果合同约定“签字盖章后生效”,出于维护自身利益的目的,当事人的理解和主张恐怕就会

---

① 【法条链接】《民法典》第四百九十条:当事人采用合同书形式订立合同的,自当事人均签名、盖章或者按指印时合同成立。在签名、盖章或者按指印之前,当事人一方已经履行主要义务,对方接受时,该合同成立。法律、行政法规规定或者当事人约定合同应当采用书面形式订立,当事人未采用书面形式但是一方已经履行主要义务,对方接受时,该合同成立。

产生巨大的差异。

我们来看看2020年山东省济南市中级人民法院一个关于判定当事人约定合同在签字盖章后生效的真实含义的案例。①

天某公司是地某公司的货物供应商,双方签订了购销合同,其中约定“本合同由双方法定代表人签字盖章后生效”。后来,因货款纠纷,天某公司将地某公司诉至法院,要求地某公司依据合同支付所欠相应货款和违约金。

地某公司抗辩双方签订的合同并未生效,因为该合同只有地某公司盖章,而无法定代表人签字,不符合约定的“签字盖章后”生效要件。

该案经过审理,法院认为,依据该合同约定的“本合同由双方法定代表人或委托代理人签字盖章后生效”。合同约定的是当事人签字盖章后生效,从字面理解一般应解释为签字或者盖章后生效,除非当事人特别约定协议经当事人签字并且盖章后生效。而涉案合同并无特殊约定。因此,涉案合同已达到生效条件。而且,双方已经按照涉案协议实际进行了合同义务的履行。故天某公司与地某公司签订的合同合法有效,双方均应严格按照合同约定履行各自的权利义务。

据此,结合本案其他事实,法院判定地某公司向天某支付所欠货款和违约金。

① 本案例以山东省济南市中级人民法院(2020)鲁01民终1613号民事判决书为原型编辑整理而成,基本案情及判决理由均有不同程度的删节和修改。

【余律师支招】

在设定合同生效条件时,如果你想在签字或盖章中只选其一便让合同成立,则在签字盖章之间加"或者"两字,将更有保障;如果你想两者齐备才让合同成立,那么在签字盖章之间,最好用"和"字比较稳妥。最为关键的是,如果合同是对方草拟的,你更要对合同生效要件的具体字眼给予充分关注,正可谓字字千金,容不得半点疏忽!

19 我有理由相信,你不认都不行

与他人做生意签合同时,我们都知道应该由对方的负责人签字或公司盖章,合同才能成立。既然要代表公司签字,这位负责的经理肯定要在职才行,如果他已经离职,就没有权利代表该公司了。多数人认为,离职经理签字的合同,如果原公司不承认,那么合同就应该无效。

这种说法看似正确,其实并非如此。例如,某木材厂向某家具公司常年供货,每季度由木材厂派业务经理到家具公司签订供货计划,一直都不需要

厂长签字或者工厂盖章，这样运作了两三年均没有问题，木材厂对此交易惯例予以认可。但是，在某个季度，木材厂突然停止了供货，说那位业务经理在上个季度签供货计划前其实已经被公司解聘离职，不能代表木材厂，所以供货计划是无效的，该厂决定不再供货。这下子，家具公司头大了，还等着这批木材投入生产赶单呢，但是人家的业务经理早就离职，签字也不能算，而且这些供货合同也没有对方厂家盖章，这事似乎就没辙了。

如果真是这样，法律的天平将失衡。对于木材厂，业务经理离职，却不及时通知家具公司，原业务经理跑去与家具公司继续签合同，造成家具公司仍然与其签合同。而事后木材厂觉得这份合同对自己有利就认，觉得不利就不认，太过随意和自由。对于家具公司，一直以来都是和这位业务经理签合同，并且形成了惯例，在不知道该业务经理离职的情况下，和他签了合同，如果木材厂不认合同，不再供货，将造成家具公司因缺少木板原料而无法安排生产，导致经济损失和信誉影响，这可如何是好？

其实，家具公司也不用太担心，那位经理的签字还是有可能被认定为有效的。因为在上述这种失衡状态下，法律作出了相应的调整。法律认为，在业务经理代表公司签约做生意并一直得到公司认可的情况下，即使该业务经理没有了代理权，只要生意对方有理由相信该业务经理还是有代理权的，该公司就不能不认账。[①] 这个法律术语叫作

---

① 【法条链接】《民法典》第一百七十二条：行为人没有代理权、超越代理权或者代理权终止后，仍然实施代理行为，相对人有理由相信行为人有代理权的，代理行为有效。

"表见代理"。

运用"表见代理"最关键在于如何确定"有理由相信"。让人"有理由相信"的典型例子是,公司将盖了章的空白合同、空白业务介绍信等交给个人,被个人拿去随便使用,或者如上例,公司对业务经理的行为一直认可并形成了交易惯例等。

【余律师支招】

如果你经常派员工对外签合同,那么在员工离职的时候,一定要及时通知相关方,明确告知员工离职后不再代表你方,并收回曾经发放给这位员工的所有盖章的空白合同,以免被误判为对方"有理由相信",导致误解,造成损失;同理,如果你经常与对方公司员工签合同,那么一定要保留这位员工的名片、所有与他签过的合同等证据,以便在对方公司不认账时,可以证明你"有理由相信"。

20 没有文字,没有语言,合同就成立了

一份份的合同就像经济生活中的"细胞",交易双方通过履行合同义务,享受合同权利,活跃经济交流,促进市场繁荣。常人认为,合同就必须要有"白纸黑字"才能成立,再不然,起码也要通过语言沟通才能成立。否则,怎么确定双方的权利义务?

这话听起来有道理，但回头想想日常生活中的种种交易行为，好像又不完全是这样。比如街头的“可乐自动售货机”，你和售货机既不能签书面合同，也不能进行语言交流，就不能成交吗？买卖双方的合同权利义务就无法确定吗？

其实，法律已经观察到，并不是所有经济行为都必须通过书面或口头交流才能确立。如果要求只有通过书面或口头的形式才能成立合同，那么生活中有太多的经济行为就处于无法确定状态，不利于人们正常交往。

所以，没有签订合同也不要太担心，为了纠正这种双方权利义务不稳定的状态，法律作出了认定，合同除了可以书面形式存在，也可以口头形式存在，①还可以通过双方的行为“推定”合同成立。② 这种既没有书面证明也没有口头约定的合同叫作“默示合同、事实契约、事实

① 【法条链接】《民法典》第四百六十九条：当事人订立合同，可以采用书面形式、口头形式或者其他形式。书面形式是合同书、信件、电报、电传、传真等可以有形地表现所载内容的形式。以电子数据交换、电子邮件等方式能够有形地表现所载内容，并可以随时调取查用的数据电文，视为书面形式。

② 【法条链接】《民法典》第一百四十条：行为人可以明示或者默示作出意思表示。沉默只有在有法律规定、当事人约定或者符合当事人之间的交易习惯时，才可以视为意思表示。

合同”等。

如上例,卖家在街边设置可乐自动售货机,顾客要买可乐,便将规定的3元投入。此时,既没有书面合同签字,也没有语言沟通,但是买卖可乐的一份“合同”已经可以通过行为“推定”成立。这个买卖合同成立的法律意义在于,接下来售货方必须给予顾客相应的可乐,并对可乐的质量负责。

再引用德国的一个著名判例说明“推定”合同成立。在汉堡,有一个人在一个汽车停车场停车,停车人主张这是公共场所,其停车应当是免费的。但是停车场主则主张,其已经立了一个停车收费的牌子,是收费停车场。双方诉诸法院,法官认为,即使你没有意思表示要订立这个停车合同,但是你看到了收费的牌子后又停车,这是一个事实契约,因此应当付费。这是以停车场竖立停车收费的牌子与驾车人进场停车的行为推定合同成立的。

当然,在实践中,我们建议凡是合同都要形成书面协议,否则“扯皮”也是麻烦事。

【余律师支招】

在没有签订合同的情况下,如果你想证明合同成立,请尽量收集一些相关事实证据,通过推定也可能让合同成立;如果你想否认合同,虽然双方并没有书面的合同证据,也不要太得意,合同在某种情况下是有可能被推定成立的。

21 霸王别"急"

大多数人都认为,合同一经签订,交易双方就要按照合同约定的条款严格履行,合同上的"白纸黑字"是铁板钉钉,不容置疑。

常理的确如此,但也有例外。市场经济行为中,有些交易方存在明显的"强势"和"弱势"之分。如对于消费者,保险公司、供水供电公司、房地产公司甚至一些快递公司就处于强势地位。在双方签订合同的时候,这些公司往往将早就拟定好、可重复使用并且不让消费者修改的合同拿出来,急匆匆便让消费者签字。而现实中,消费者面对这样的合同,几乎没有选择的余地,只能签订。

这些合同一般都隐藏了偏重保护这些公司利益的条款,俗称"霸王条款",意指上述公司的霸王行径。例如,保险公司规定许多情况是不赔付保险金的,供电公司规定是可以随意断电的,房地产公司规定是可以免除自己责任的,快递公司规定弄丢了货物是可以只赔3倍运费的。如果这些强加于消费者的条款都合法成立,那么弱势者的利益谁来保护?法律天平将严重失衡。

不要担心,法律可以帮助弱势者。在这种失衡状况下,法律将作出调整。法律规定,如果某一方利用强势地位在合同条款中把自己的责任免除掉,那是徒劳的,法律将认定其不成为合同内容,该其负责还得负责;如果在合同中,某一方想要减轻自己的一部分责任,对双方的权利义务作出更改,那么其一定要专门提醒对方注意,如加粗字体并解释清楚,企图蒙混过关也不能得逞。①

我们来看看2020年北京市西城区人民法院一个关于认定格式条款不发生效力的案例。②

孔女士与北京市某咨询公司签订《服务协议》,委托该咨询公司为其提供婚恋心理咨询和形象指导、征婚宣传、约见配对、情感咨询及情感跟进等服务。咨询公司告知孔女士可以体验一个月免费线上服务,但后来咨询公司的客户服务主管却反馈属工作人员宣传错误,孔女士因此主张退还预付款,客户服务主管承诺将提供优质服务,如不满意,可再办理退款,孔女士最终支付了全款。眼看着时间一天天过去,咨询公司那头一直没有消息,一直未为孔女士提供所称的婚姻介绍服务。随后,孔女士要求咨询公司全额退款被拒,理由是双方签订的《服

---

① 【法条链接】《民法典》第四百九十六条:格式条款是当事人为了重复使用而预先拟定,并在订立合同时未与对方协商的条款。采用格式条款订立合同的,提供格式条款的一方应当遵循公平原则确定当事人之间的权利和义务,并采取合理的方式提示对方注意免除或者减轻其责任等与对方有重大利害关系的条款,按照对方的要求,对该条款予以说明。提供格式条款的一方未履行提示或者说明义务,致使对方没有注意或者理解与其有重大利害关系的条款的,对方可以主张该条款不成为合同的内容。

② 本案例以北京市西城区人民法院(2020)京0102民初21802号民事判决书为原型编辑整理而成,基本案情及判决理由均有不同程度的删节和修改。

务协议》约定，非特殊原因不予退费。

孔女士看着这份协议和自己的签名，非常气愤，认为当时咨询公司根本就没有提起此事，并且自己也没仔细看就签了字，这显然是咨询公司设置的圈套，对自己非常不公平。经过一番争论，双方协商未果，孔女士遂将咨询公司诉至法院，请求法院主持公道。

经过审理，法院认定：《服务协议》系咨询公司提供，合同中“双方商定本合同金额的30%为乙方为甲方提供婚姻介绍服务的建档费，并在签订本合同后不予退费”“本合同生效后，非因乙方原因（如甲方出差、移居异地、出国、非经乙方介绍找到伴侣等事项）提前解除合同的，乙方不退还甲方缴付的中介服务费”等条款系格式条款，咨询公司在订立合同时未与孔女士协商，也未采取合理的方式提醒孔女士注意该条款，该条款加重了孔女士的责任，应不发生法律效力。对于咨询公司基于上述条款要求扣除相应服务费的主张，法院不予采纳。

据此，咨询公司处心积虑设计的霸王条款，虽然得到了孔女士当时的签字确认，最终还是被法院认定不发生效力。

【余律师支招】

如果你企图设置一些偏重保护自己利益的条款，想做“霸王”，那就不要太心急，一定要充分提醒对方注意合同条款，不能故意瞒着对方，如不与对方进行协商，随意设定这些“霸王条款”，即使对方签了字，也可能徒劳；如果你是“霸王条款”的接受者，一定要记住，尽可能保留对方没有充分警示你也不和你协商的证据，以便在起诉时获得胜诉。

22 印有公司标志的合同纸虽美丽却有毒

上文所述的“霸王条款”在法律上是指减少自己责任、加重对方负担的“格式条款”。而所谓“格式条款”,是法律规定的“当事人为了重复使用而预先拟定,并在订立合同时未与对方协商的条款”。

有些公司喜欢将这些重复使用的合同做成固定版本,以方便使用,而且还打印在有自己公司标志的信笺纸上,其目的一是在与客户签合同时展现本公司的规范形象;二是体现出本公司在合同中的主导地位。殊不知,如果发生纠纷,这种“美丽的主导地位”在法律上将转化成“被动的不利局势”。

因为,为了防止合同提供方利用草拟合同的机会,设置一些文字陷阱,使另一方处于不公平的地位,法律专门对合同解释方法作出调整。法律规定,在格式合同中,如果大家对其中的条款,甚至对个别词语的定义产生了不同的理解,即“公说公有理,婆说婆有理”的时候,首先要按照通常理解去解释,通常理解无法解决问题的时候,将作出不利于提供格式条款一方的解释。①

① 【法条链接】《民法典》第四百九十八条:对格式条款的理解发生争议的,应当按照通常理解予以解释。对格式条款有两种以上解释的,应当作出不利于提供格式条款一方的解释。格式条款和非格式条款不一致的,应当采用非格式条款。

这招厉害啦，在上述情况下，谁提供的合同，在对合同条款发生争议时就将作出不利于他的解释。那么，对于到底“谁是格式合同提供方”这个最关键问题，看看合同纸上的公司标志，答案就比较明显了。

当然，合同文本题头上的公司标志，是否必然指明了谁是提供方，倒也未必，这需要法院进行严格的认定，如果有相反证据也是可以推翻的。但是可以确定，该公司标志留给了对方攻击的机会。因此，签合同，最好不要用公司信笺纸，尽量用无标志纸张，起码在形式上看不出谁居于主导地位，谁是条款提供方。

【余律师支招】

如果你是合同提供方，最好用空白文档打印合同内容，不要用显现公司标志的信笺纸，此时漂亮的公司标志不一定是“玫瑰”，反而可能是伤到自己的“一根刺”；如果你是合同接受方，当你看到合同上对方美丽的公司标志时可清醒地知道，你在合同解释上也许已经占了优势地位。

第二章

生意往来

23　怎可让收货人潦草签收

一家冻品企业，常年为一家酒楼供应鸡翅、鸡腿等冻肉产品，每天派人送货到这家酒楼，由该酒楼的工作人员在送货单签字以确认收货。

一直以来，该冻品企业送货及时，品质优良，酒楼方也按时付款，双方相安无事。两年过后，该酒楼经营出现一些问题，开始拖欠对冻品企业的货款，最终酒楼倒闭，共欠了冻品企业货款约 20 万元。

冻品企业去找酒楼方追讨货款的时候,酒楼方“翻脸不认人”了,居然说送货单是假的,收货人签字潦草,不能认定是酒楼员工,而且没有酒楼盖章,不关酒楼的事。冻品企业顿时傻了眼,对方连收货都不认,还追什么货款?一时间,冻品企业似乎就拿该酒楼没辙了。

此时,法律天平出现失衡。对于冻品企业而言,其与酒楼常年交易,出于信任并没有签订冻肉购销合同,但双方交易确实存在,每次均由酒楼员工签收,如今酒楼矢口否认,将导致剩余货款无法追回;对酒楼而言,企图利用收货员工的潦草签字来否认交易的存在,从而达到赖账的目的,属于极度不诚信的行为,应该受到规制。

在上述失衡状况下,法律作出了调整,该冻品企业也许还有办法将20万元货款追回来。法律规定,如果没有书面合同,那么送货单、收货单、发票等也可以证明存在交易,只不过还需要对双方之间的一些交易习惯等作辅助说明。还有,最能证明合同存在的是双方的对账确认函、货款确认书等,凭这些直接就可以认定存在交易。[①] 对方只是口头不认账,是通不过的。

本案中,该冻品企业在对方不认送货单后,回去翻查了以前的交易记录并找到了货款确认书,凭此将酒楼告上法院,并且通过诉讼保

---

① 【法条链接】《最高人民法院关于审理买卖合同纠纷案件适用法律问题的解释》(2020年修正)第一条:当事人之间没有书面合同,一方以送货单、收货单、结算单、发票等主张存在买卖合同关系的,人民法院应当结合当事人之间的交易方式、交易习惯以及其他相关证据,对买卖合同是否成立作出认定。对账确认函、债权确认书等函件、凭证没有记载债权人名称,买卖合同当事人一方以此证明存在买卖合同关系的,人民法院应予支持,但有相反证据足以推翻的除外。

全的方式冻结了对方的银行账号,最终将20万元货款全数追了回来。

收货人的签字潦草不能辨认,或者收货人的身份不能证明,是货物买卖纠纷中经常遇到的法律问题。因此,在签订合同的时候,最好在合同中约定指定签收人,由双方约定的某个专人签收货物,以免对货物交接产生争议。如果没有约定专人签收货物,最起码在对方员工签收货物的时候,一定要询问其是否为公司正式员工,而且一定要对方用正楷字签名,不能潦草签收以致无法辨别姓名。

【余律师支招】

如果你是卖家,看到收货人签字潦草,一定要他重写正楷字,并要清楚地知道他确实是对方的员工,其实,最好是在买卖合同中提前约定好专门的收货人;如果你是买家,不要以为不承认收货人,就可以赖账,毕竟双方来往中还有许多证据可以证明交易存在。真的假不了,假的真不了!

24 遇到一物多卖要先下手为强

日常交易中,买家看好了一件物品,不但和卖家签了合同,还付了全款,只不过决定过几天再来取回家,于是仍然放在卖家那里。买家认为:"我签了合同付了款,这件物品非我莫属,煮熟的鸭子飞不了!"大多数人也是这样认为的。

其实不然。比如，一件古董或一幅字画，常常会被几个收藏者或鉴赏家看中，如果你与卖家签订了买卖合同付了款，请及时将其收回家中，否则你还真不一定能得到它。在古董和字画的自行买卖交易中，有时会出现“一物多卖”的情况，这是因为卖家受高价的吸引，可能会反悔。在这种状况下，如果另一位买家在你之后也付了款，还将其取走了。你还有机会拿到该件物品吗？该物品最后到底应该属于谁？

此时，权利认定的场面一片混乱，法律天平似乎失去了平衡。为了平复这种混乱的局面，法律对此作了再平衡安排。法律认为，对于普通动产一物多卖，如上例的古董或字画，判定归属的标准顺序是：谁先拿走就归谁，如果谁都还没有拿走，就看谁先付款，如果连款都还没有付，那就再看谁先签合同。[①] 你看，先签合同的只排在第三顺位呢！

① 【法条链接】《最高人民法院关于审理买卖合同纠纷案件适用法律问题的解释》(2020年修正)第六条：出卖人就同一普通动产订立多重买卖合同，在买卖合同均有效的情况下，买受人均要求实际履行合同的，应当按照以下情形分别处理：(一)先行受领交付的买受人请求确认所有权已经转移的，人民法院应予支持；(二)均未受领交付，先行支付价款的买受人请求出卖人履行交付标的物等合同义务的，人民法院应予支持；(三)均未受领交付，也未支付价款，依法成立在先合同的买受人请求出卖人履行交付标的物等合同义务的，人民法院应予支持。

所以,对于紧俏的商品,要先下手为强。当然,话说回来,如果你和卖家签了合同,卖家居然将货给了别人,那卖家必须对你承担违约责任,这是另一层法律关系。

【余律师支招】

货物交易中,如果你是买家,既然看好了某件物品,请赶紧埋单取回家吧,否则即使付了款,也可能拿不到;如果你是卖家,虽然生意讲究价高者得,但也不能失了为人的基本信义,即便你将货品给了出价高的后手买家,也逃不了对已签合同的前手买家承担赔偿责任。

25 收到卖家多寄的货会烫手

在货物交易中,买卖双方一般都会对货物的交易数量作出明确约定。买多少货,卖家就交多少货,数量要准确。但是,卖家不小心发多了货,也是常有的事。如买家要100斤茶叶,卖家却发了120斤过来。此时,有些买家会认为,这是卖家犯的错,和自己没有关系,于是“事不关己,高高挂起”,故意拖着不予理会,反正到时把茶喝了,也就没这回事了。

此时,法律天平将失去平衡。对于卖家,发多了货,明明知道那多出的20斤茶叶在买家那里,买家却拖着不返还,自己也不知如何才可以追回来,可能要吃“哑巴亏”;对买家而言,也许会认为别人既然主动多发货，就当是赠送，这个便宜不赚白不赚。

其实，买家错了，这20斤茶叶的便宜是白赚不了的。在上述失衡状况下，法律作出了调整。法律规定，在交易中，如果卖家多发了货，买家可以接受多出的那些货物，但是要按照原来的价格付钱；买家也可以不接受那些多出的货物，但是要及时通知卖家取回。[①] 如果买家拖着不给，那是给自己找麻烦，甚至有地方法院出台审理案件相关指导意见的规定，[②]买家不表态超过60日，就认为买家默认接收了货物，该付款就必须付款了。

我们来看看2020年天津市第二中级人民法院的一个关于买家要为多收货物付款的案例。[③]

---

① 【法条链接】《民法典》第六百二十九条：出卖人多交标的物的，买受人可以接收或者拒绝接收多交的部分。买受人接收多交部分的，按照约定的价格支付价款；买受人拒绝接收多交部分的，应当及时通知出卖人。

② 【法条链接】《北京市高级人民法院审理买卖合同纠纷案件若干问题的指导意见（试行）》第十八条：合同法第一百六十二条规定的“及时通知”，应在约定的检验期间内通知。没有约定检验期间的，应在合理期间内通知。一般情况下，合理期间为六十日。买受人代为保管其拒绝接收的标的物的，出卖人应负担买受人因保管标的物发生的实际费用，并承担非因买受人保管不善产生的损失。

③ 本案例以天津市第二中级人民法院（2020）津02民终570号民事判决书为原型编辑整理而成，基本案情及判决理由均有不同程度的删节和修改。

汪某从事种植业,向树木钢撑杆经销商赫某订购了1850根玻璃钢撑杆,双方约定货物总价为100万元,由经销商赫某分批次送货物上门,同时约定经销商派业务员先送货,汪某收到货物后结款。后来,经销商业务员向汪某先后送货共1900根,汪某认可4次送货单的内容,但不认可其中的50根。经过计算,上述货物的发货量超出了原合同的约定,按原合同单价,货物价值达125万元,也超过了原先约定的价款。

后来,经赫某多次催要,汪某拖欠款项始终未支付。于是,赫某向汪某追讨货款,赫某认为要按照汪某实收货物的价值125万元结账,但是汪某辩称,合同约定货款只有100万元,其向赫某支付100万元即可,不应该按125万元支付货款。双方争执不下,协商未果,遂诉至法院。

经过审理,法院认定:关于案涉50根玻璃钢撑杆是否为代收的问题,赫某提供的收货单上载明汪某实际签收的玻璃钢撑杆数量为1900根,汪某对该数量不持异议,但主张合同约定的供货数量为1850根,多出的50根为代收,因汪某签收玻璃钢撑杆时,并未在收货单上注明"代收"等字样,庭审中亦未提供其他证据证明该50根玻璃钢撑杆系代收,其关于案涉50根玻璃钢撑杆为代收的主张因证据不足,法院无法采信。根据法律规定,出卖人多交标的物的,买受人可以接收或者拒绝接收多交的部分。买受人接收多交部分的,按照合同的价格支付价款;买受人拒绝接收多交部分的,应当及时通知出卖人。据此,汪某应按照合同约定的单价支付其多接收的50根玻璃钢撑杆的款项。

据此,结合本案其他事实,法院最终判定汪某要按实收货物付足全款 125 万元。

【余律师支招】

如果你是卖家,不小心多寄了货,或者发货量超过了合同约定,不要太紧张,只要对方已签收,这些货是不会白给出去的,在对方强占不退回的情况下,你可以起诉对方,要求对方按照原价标准支付货款;如果你是买家,收到卖家多寄来的货,可不要以为可以"白赚",想留下这些货,就要付款,不想要的话,请抓紧时间通知卖家来取,否则自己最终可能还是要为多收的货埋单。

26 别以为"试用"很爽

在买卖货物的过程中,为了让买家充分了解产品的实用性和质量状态,卖家可能会安排试用,而卖家亦可以据此培养客户忠诚度,积累良好的商誉,试用对买卖双方都有好处。

这话听起来有道理,但事实并非如此。商家安排客户试用产品,是为了让客户得到初步使用体验,并非在高强度测试产品的性能质量,也并非代表客户在试用期间可以实施出租、担保等谋取利益的行为,更不能实施出卖行为。如果客户过分使用产品,虽然不至于造成产品损害,但对该产品的后续销售也将产生一定的影响。将

“乱用”当作“试用”,将导致法律天平失去平衡。

因此,为了防止客户过度试用的失衡行为,法律作出了调整,以维持商家和客户之间的良性平衡。法律规定,在试用期间,如果客户对产品实施了非试用行为,那么视为客户已经同意购买。①

比如,在买卖挖掘机过程中,买卖双方签订购销合同,但在合同中约定了试用体验的期限,如果试用期间有任何质量问题或对产品性能有疑虑的,买家可以申请退换货。但是,在试用过程中,买家已经将挖掘机放置工地上正式投入使用,或者将挖掘机出租给他人使用以获取租金,甚至将挖掘机作为担保物向银行申请贷款,那么就属于实施了非试用行为,在法律上,买家不能以试用为由推翻双方的买卖合同关系。

① 【法条链接】《民法典》第六百三十八条:试用买卖的买受人在试用期内可以购买标的物,也可以拒绝购买。试用期限届满,买受人对是否购买标的物未作表示的,视为购买。试用买卖的买受人在试用期内已经支付部分价款或者对标的物实施出卖、出租、设立担保物权等行为的,视为同意购买。

【余律师支招】

如果你是客户，试用要适度，否则将被“套牢”；如果你是卖家，发现客户意图实施过分试用行为，要及时劝止，若无法阻止，请留下证据，确认客户实施非试用行为后，可以让此次买卖即时成立。

27 国家行业标准不是老大

买卖双方进行货物交易，应该以什么标准作为货物的质量标准？许多人第一个念头就是，“当然必须符合国家规定的标准或者行业普遍认可的标准”。

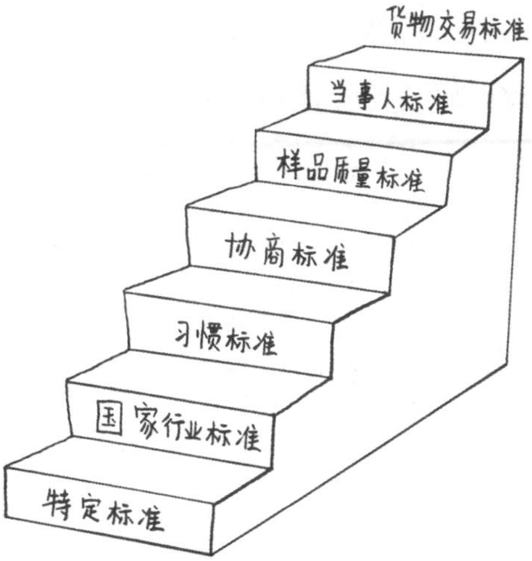

这种认识乍一听非常正确，事实上并非如此。在实践中，交货的质量标准并不以国家标准或者行业标准为绝对依据，而首先要看双方约定的标准。由于市场交易行为的多样化，双方约定的标准既可能高于也可能低于国家、行业标准，而且有些货物并不存在所谓的国家、行业标准，就更谈不上以此为依据的问题了。

例如,一家工艺品公司向某钢铁公司订购了两车皮的散装钢料,交易价格低廉,双方约定此两车皮钢料的质量标准较低,低于国家行业标准,相当于作为废料处理。后来,工艺品公司由于经营方式转变,不想要这两车皮的钢料了,于是千方百计找理由解除合同,钢铁公司始终不同意,要求工艺品公司支付相应的货款。双方僵持不下,协商未果,钢铁公司遂将工艺品公司诉至法院,以求公道。

在法庭上,工艺品公司辩称,该批钢料的品质严重低于国家行业质量标准,双方约定的质量标准属于主观标准,不得违背国家行业的客观标准,因此双方交易无效。

如果这种观点是成立的,那么法律天平将严重失衡。对于钢铁公司,通过与工艺品公司签订合同,本来已经将质量较差的钢料销售出去,可以达到回笼资金投入再生产的目的,而此时因工艺品公司反悔,将影响公司经营;对于工艺品公司,原本打算将这批钢料作为不重要的辅助材料使用,所以质量标准低些也无所谓,现在却以行业标准为借口否认合同,这属于典型的“耍赖”行为。再者,对于市场秩序而言,不论质量高低,有需要就可以交易,自由交易是市场经济的重要特性,应该受到法律的保护。

在这种失衡状况下,法律作出调整,明确了货物交易的质量认定顺序。法律认为,我国采取的是以主观标准为主、客观标准为辅的瑕疵判断标准。《民法典》第 510 条[①]、第 511 条[②]、第 615 条[③]、第 616 条[④]的规定为当事人确立了六个层次的瑕疵确认标准:第一个层次看当事人对标的物质量的约定;第二个层次看样品或有关质量说明;第三个层次看协商标准;第四个层次按合同的有关条款或交易习惯所确定的标准;第五个层次按照国家、行业标准;第六个层次按照通常标准或符合合同目的的特定标准。

简言之,关于交易货物的质量标准,以约定为大,约定什么标准就是什么标准;然后看说明书里面的规定;在以上内容均没有的情况下,双方还可以再协商约定;连协商也没有结果,那就再看双方以前的惯例做法(你看,到了这个时候,还轮不到看国家行业标准);实在是一片空白了,才看国家、行业标准;最后是特定标准。

---

① 【法条链接】《民法典》第五百一十条:合同生效后,当事人就质量、价款或者报酬、履行地点等内容没有约定或者约定不明确的,可以协议补充;不能达成补充协议的,按照合同相关条款或者交易习惯确定。

② 【法条链接】《民法典》第五百一十一条:当事人就有关合同内容约定不明确,依据前条规定仍不能确定的,适用下列规定:(一)质量要求不明确的,按照强制性国家标准履行;没有强制性国家标准的,按照推荐性国家标准履行;没有推荐性国家标准的,按照行业标准履行;没有国家标准、行业标准的,按照通常标准或者符合合同目的的特定标准履行……

③ 【法条链接】《民法典》第六百一十五条:出卖人应当按照约定的质量要求交付标的物。出卖人提供有关标的物质量说明的,交付的标的物应当符合该说明的质量要求。

④ 【法条链接】《民法典》第六百一十六条:当事人对标的物的质量要求没有约定或者约定不明确,依据本法第五百一十条的规定仍不能确定的,适用本法第五百一十一条第一项的规定。

在上例中,由于法律对质量标准的认定顺序作了明确的规定,在法律上,工艺品公司的说法并没有道理,双方应该按照合同约定的质量标准履行合同,工艺品公司应当向钢铁公司支付上述两车皮的钢料货款以及迟延付款的利息。

【余律师支招】

货物交易中,在双方已经约定了质量标准的情况下,如果你企图以"国家行业标准为大"为借口达到毁约目的,可能会无功而返;如果你遇到对方提出上述主张,不要紧张,一定要谨记法律规定"以约定标准为大",可作出坚决的反击。其实,民法主要保障的是体现双方真实意思的交易自由,一般不因为简单的行政命令或行业规定去否定合同的有效性。

28　一手交钱,一手交货的现代意义

现代经济交往中,物流业扮演着越来越重要的角色。在买卖活动中,只要双方不是现场交易,一般都有物流公司参与。

当买卖双方签订了交易合同之后,卖家将货物交给双方约定的物流公司,如果货物此时丢失了,买家还要不要向卖家支付货款?买方这时认为,"一

手交钱,一手交货,天经地义,如今我没有收到货物,自然不需要付款”。

这种说法看似非常有道理,但事实并非如此。如果买家为此不支付货款,那么法律天平将出现失衡。对于卖家,为了完成交易合同,货物已经送了出去,而且是交给了买方认定的物流公司,结果货物丢失,卖家要承担损失,未免有些不公平;对于买家,物流公司是买家自己确定的,物流公司收到货物应视为买家在法律上收到了货物,虽然买家最终没有收到货物,但其实风险已经转移到买家了,这时发生了货物丢失的情况,买家不需支付货款,好像什么事也没有发生过的话,买家岂不是太过轻松?

为纠正这种不平衡的状况,法律作出了调整。法律认为,对于需要运输的货物,在还没有交给物流公司之前,出现了毁损、丢失,由卖家承担损失;当卖家将货物交给物流公司的时候,就算是交付给买家了,出现了毁损、丢失,就由买家承担损失。[①] 在法律上,货物在交给物流公司之前,这批货物的主人是卖家,但如果交给了物流公司,则不管买家有无收到,买家都是这批货物的主人。[②] 当然,由于物流公司弄丢了货物,买家在向卖家支付货款后,可以货主的身份向运输公司追讨损失。

---

① 【法条链接】《民法典》第六百零三条:出卖人应当按照约定的地点交付标的物。当事人没有约定交付地点或者约定不明确,依据本法第五百一十条的规定仍不能确定的,适用下列规定:(一)标的物需要运输的,出卖人应当将标的物交付给第一承运人以运交给买受人;(二)标的物不需要运输,出卖人和买受人订立合同时知道标的物在某一地点的,出卖人应当在该地点交付标的物;不知道标的物在某一地点的,应当在出卖人订立合同时的营业地交付标的物。

② 【法条链接】《民法典》第六百零六条:出卖人出卖交由承运人运输的在途标的物,除当事人另有约定外,毁损、灭失的风险自合同成立时起由买受人承担。

我们来看看2019年北京市朝阳区人民法院一个关于判定买家虽然没有收到货物但也要付款的案例。①

高女士是长居于上海的都市白领。星光手表行是开设于北京某中心地段的店铺,星光手表行职工微信联系高女士称表行将于2019年5月参加在上海召开的某展会,邀请高女士到会选购商品。2019年5月12日,高女士在星光手表行展位看中了一块江诗丹顿珠宝表,手表价格5万元,高女士当场向星光手表行指定支付宝账户转账购表款。双方约定,待表带进行调整后通过顺丰快递邮寄给高女士。一周后,高女士收到被告通过顺丰速递邮寄的包裹,发现是一空盒。

高女士认为,星光手表行收了货款,但没有交付货物,应当将5万元货款还给自己。星光手表行辩称,高女士确认了运送的货车,并负责支付顺丰运费,星光手表行将所有货物交给顺丰公司就完成了交货义务,货物出门,恕不负责。至于高女士没有收到货物,与星光手表行并没有关系。双方为此争执不下,协商未果,遂诉至法院。

该案经过审理,法院认为:依法成立的合同对当事人具有法律约束力。原被告虽未签订正式书面合同,但结合在案证据及原告陈述可以认定双方成立了事实上的合同关系,该合同合法有效,双方均应遵照履行。被告应当向原告交付涉案手表,原告应当向被告支付价款。根据法律规定,出卖人应当按照约定的地点交付标的物。当事人没有约定交付地点或者约定不明确,出卖人将标的物交付给第一承运人

① 本案例以北京市朝阳区人民法院(2019)京0105民初80528号民事判决书为原型编辑整理而成,基本案情及判决理由均有不同程度的删节和修改。

后，标的物毁损、灭失的风险由买受人承担。因本案中原被告均未能提交证据证明各自所称对于涉案手表交付地点的约定，且双方均认可涉案手表需要从北京被告处通过快递运输至上海原告处，故法院认为涉案手表损毁灭失的风险应当在被告将涉案手表交付承运人第三人时转移由原告承担。

本案中，结合证人证言、安检机扫描截图打印件等证据，法院认为被告已将涉案手表发出的事实具有高度可能性，认定被告已经完成了向承运人交付涉案手表的义务。同时结合原告系在签收涉案快件近十小时后才向被告提出未收到涉案手表的情况，法院认定被告已经完成了涉案手表交付义务。原告以被告未交付手表为由要求解除买卖合同关系及与之相应诉讼请求，法院不予支持。

据此，结合本案其他事实，法院判定驳回高女士要求退回货款5万元的诉求。虽然高女士没有实际收到货物，但并不能向卖家星光手表行主张拿回货款。

【余律师支招】

如果你是买家，要清醒地记得，没有收到货也可能要支付货款，不要对运输过程不闻不问，要积极主动与物流公司联系沟通，并准备相关资料，万一没收到货还可以索赔；如果你是卖家，虽然法律规定货交承运人，风险便转移至买家，你也不要掉以轻心，尽可能保留买家向你确定物流公司和交货地点的资料，以免出现问题时说不清楚。

29 小小孩网购打赏可能不作数

如今,网上购物已经是一种再普通不过的经济交易模式了。交易双方不需要见面,只需点点鼠标,买方便已付款,卖方开始发货,买方在几天后甚至当天就可以收到通过网络选中的物品。至此,一个完整的商业流程圆满结束。

上述流程真的圆满结束了吗?其实未必,如果交易双方都是成年人,那么基本没问题。但是,如果买方是个小孩,而且交易额较大,如该小孩买了5000元的物品的话,情况就发生了变化。双方可能要撤销这笔已经发生了的交易,买方退货,卖方退钱。这是因为法律规定,不满8周岁的小孩不能自己花钱买东西,要其监护人如父母来买;①8周岁以上但未成年的小孩,也只能买一些与他年龄或智力相适应的东西,②如果已经买了超过限度的东西,就要其监护人进行追认,如果没有追认,那就

① 【法条链接】《民法典》第二十条:不满八周岁的未成年人为无民事行为能力人,由其法定代理人代理实施民事法律行为。

② 【法条链接】《民法典》第十九条:八周岁以上的未成年人为限制民事行为能力人,实施民事法律行为由其法定代理人代理或者经其法定代理人同意、追认;但是,可以独立实施纯获利益的民事法律行为或者与其年龄、智力相适应的民事法律行为。

算交易无效。①

这个规定显然将给网购带来麻烦。网购中,谁也不知道买方到底是小孩还是大人,是未到8周岁还是超过8周岁。如果这个规定被滥用,法律天平将失衡。对于卖家,所有的买卖都将处于不确定状态,时刻担心被买方以购买者未成年的理由要求退钱退货;对于买家,随便找个借口就可以撤销已经发生的买卖行为,自由度太大。

在这种失衡状况下,法律作出了调整。司法实践普遍认为,在网购中,对于金额超过一定限度的合同,只要交易对象尽到了合理的注意义务,如采取了更为精确的身份验证制度,即使对方是小孩,不论是否超过8周岁,合同也有可能被认定为有效,不能随意撤销。但是,对于未成年人利用网上交易"背对背"的特点而故意欺诈缔约的行为,则应区别对待,并结合缔约过失责任理论,要求未成年人及其监护人承担相应的赔偿责任,从而保护商家的利益,使交易能够顺利进行。

现实中,人们也在关注另外一个社会热点问题。近年,"熊孩子"付费网游,打赏主播,坑掉父母血汗钱,甚至造成家庭债台高筑的现象时有发生,特别是在2020年新冠疫情期间,小孩在家上网课,其接触手机、电脑等电子设备的机会增多,上述案例更是呈爆发式增长,给家庭、社会带来不稳定因素。"熊孩子"打赏主播的钱是否应该退回,便

---

① 【法条链接】《民法典》第一百四十五条:限制民事行为能力人实施的纯获利益的民事法律行为或者与其年龄、智力、精神健康状况相适应的民事法律行为有效;实施的其他民事法律行为经法定代理人同意或者追认后有效。相对人可以催告法定代理人自收到通知之日起三十日内予以追认。法定代理人未作表示的,视为拒绝追认。民事法律行为被追认前,善意相对人有撤销的权利。撤销应当以通知的方式作出。

成了家长、网络经营者乃至全社会共同关注的问题。

针对上述现象,最高人民法院认为,[①]8周岁以上的小孩进行打赏的,要视情况,因为其是限制行为能力人,可以作出部分与其年龄、智力等相适应的行为,退回的金额要视情况而定;举重以明轻,不满8周岁的小孩进行打赏的,应该退回,因为其是无民事行为能力人,其支付行为必须由父母等法定代理人作出,自己作出的无效。而且,由于打赏行为容易一时激动作出,对未成年人来说,均容易被认为属于不能独立实施的行为,收款方应该退回打赏款。

【余律师支招】

如果你是网购的商家,在进行大额交易时,要想到对方可能是未成年人,必须做好事前的身份验证工作,特别当你是网络主播时,最好不要接受小孩子的打赏;作为小孩子的家长,也要注意保管好自己的手机、电脑等上网电子设备,特别不能轻易让小孩掌握支付密码等关键信息。另外,如果你是网上买家,企图利用"小孩网购不能作数"这个说法,来达到自己不合理的反悔交易意图的,则可能要承担相应的法律责任。

---

① 【法条链接】《最高人民法院关于依法妥善审理涉新冠肺炎疫情民事案件若干问题的指导意见(二)》第九条:限制民事行为能力人未经其监护人同意,参与网络付费游戏或者网络直播平台"打赏"等方式支出与其年龄、智力不相适应的款项,监护人请求网络服务提供者返还该款项的,人民法院应予支持。

30 发现对方丧失信誉,如何行使不安抗辩权

大多数情况下,合同双方履行义务总有先后之分。如在货物交易中,要么买家先付款,卖家再交货或提供服务;要么卖家先交货,提供服务,买家再付款,这个顺序在合同中往往都有明确的约定。此时,许多人认为,既然合同约定得如此清楚,那么不管什么情况都要严格按照合同办事,虽然有时发现对方已经丧失信誉,再继续交易自己可能会遭受损失,但由于约定在先,还是不得不向对方履行义务,这是没办法的事。

例如,张女士和一家著名美容院签订了整容服务合同,约定张女士在合同签订后两天内支付服务费 10 万元,美容院收费后提供整容服务。但是,合同签订的第二天,媒体便刊登了该美容院使用有毒药水致人毁容并被相关部门查处的报道。张女士看到报道后,心里非常不安,于是便没有付款。谁料到,美容院打来电话催张女士付款,说报纸上登的事情与张女士无关,并不是每一个客人都会出现问题。张女士要按照合同办事,应该在两日内向美容院支付 10 万元。还提到,“如果你不付款,那么就违约,按照

法律要承担违约责任”。张女士听到此话,心里更加七上八下。

如果此时张女士必须付款,那么法律天平将失衡。对于张女士来说,明明知道该美容院出了很大的安全问题还要付款,结果只有两个:一是付款后主动放弃整容服务;二是大胆地将自己送上致害可能性很高的“毁容台”。对于美容院,出了这么大的安全事故,自己能否继续经营下去都是个问题,此时还要求张女士付款,岂不是要害张女士“血本无归”?

在这种失衡状况下,法律作出了调整。法律规定,应该先履行义务的合同一方,如果有确切证据证明对方经营状况严重恶化,丧失商业信誉,有丧失或者可能丧失履行债务能力的其他情形的,可以中止履行。[①] 这个法律术语叫作“不安抗辩权”。一般来说,与人身伤害直接有关的行业,例如,生产或销售药品、食品行业,提供美容服务行业,建筑行业,如果发现有制售假药、腐败食品,毁容,建筑物塌陷等事件,其商业信誉应认定为已丧失。在上例中,美容院被报道的行为显然可以认定其已丧失商业信誉,张女士可以暂时不支付合同约定的 10 万元。

我们再来看看 2019 年山东省聊城市中级人民法院一个关于确认

---

① 【法条链接】《民法典》第五百二十七条:应当先履行债务的当事人,有确切证据证明对方有下列情形之一的,可以中止履行:(一)经营状况严重恶化;(二)转移财产、抽逃资金,以逃避债务;(三)丧失商业信誉;(四)有丧失或者可能丧失履行债务能力的其他情形。当事人没有确切证据中止履行的,应当承担违约责任。

行使不安抗辩权的案例。[①]

吉胜公司与冠晶公司签订《承包合同工程合同书》,由吉胜公司承担冠晶公司工艺冷却水处理系统建设项目,工程价约720万元,按工程进度付款。建设开工后,吉胜公司与冠晶公司就工程质量、进度和资金保障等问题屡次发生不愉快的争执,在工程尚未完成一半的时候,双方关系完全破裂,导火索是冠晶公司因资金困难不能支付先期发生的债务,仅支付了第一阶段工程价款的50%,且已处于歇业调整的状态。

吉胜公司得知此事,认为冠晶公司可能丧失支付工程款的能力,经营状况严重恶化,丧失了商业信誉和履行债务能力,于是要求冠晶公司结清先期债务,且提前支付10%质保金,才会继续进行第二阶段的施工。

冠晶公司则辩称,在工程未完工的情况下,自己不存在提前支付款项的责任。吉胜公司行使不安抗辩权的理由不成立,吉胜公司应该继续履行合同,将工艺冷却水处理系统建设项目建设完工。双方对此争执不下,协商未果,遂诉至法院。

该案经过审理,法院认为:双方签订的工程承包合同依法成立,合法有效,双方应按照合同约定履行义务。在吉胜公司承建的第一阶段工程竣工并通过验收后,冠晶公司应及时支付工程款,且冠晶公司也认可所欠工程款数额,故吉胜公司要求冠晶公司支付工程款的诉讼请

---

① 本案例以山东省聊城市中级人民法院(2019)鲁15民终1796号民事判决书为原型编辑整理而成,基本案情及判决理由均有不同程度的删节和修改。

求法院予以支持。

关于10%的质保金。根据法律规定,应当先履行债务的当事人,有确切证据证明对方有下列情形之一的,可以中止履行:(1)经营状况严重恶化;(2)转移财产、抽逃资金,以逃避债务;(3)丧失商业信誉;(4)有丧失或者可能丧失履行债务能力的其他情形。本案中,冠晶公司因资金困难而不能支付先期发生的债务,未支付的工程款超过合同总价款的50%,且一直处于歇业的状态,已经严重影响到先履行方债权的实现,故吉胜公司主张行使不安抗辩权、要求冠晶公司提前支付10%质保金的诉讼请求的法院予以支持。

据此,结合本案其他事实,法院判定支持吉胜公司要求冠晶公司提前支付10%质保金的主张。

【余律师支招】

做生意,必须要经常关注对方的经营状况,如果你是先履行义务的一方,发现对方出现严重的经营问题时,要果断采取适当措施,中止履行合同义务,避免遭受重大损失;如果你是接受先履行的一方,要诚信合法经营,否则丧失了信誉,别人是可以不履行合同义务的。

31 “冤有头、债有主”的例外

在债权债务纠纷中，“冤有头、债有主”是人们耳熟能详的一句俗语，言下之意是“谁欠你钱，你就找谁去。既然我没有欠你的钱，你就不应该来找我，找我也不会给你的”。这么浅显的道理，大多数人好像都知道。

可是，这仅仅是常理而已，在法律上并不必然如此。比如，王先生欠了李女士10万元，债务到期后王先生迟迟不还钱，而且王先生由于生意失败已经身无分文，李女士非常着急，眼看这10万元就追不回来了。后来，李女士偶然得知王先生的同学陈先生欠了王先生10万元，到期后一直没有还给王先生。于是，李女士便要求王先生去向陈先生追款，追回来好还给自己。这本来是一个很好的解决方案，但王先生就是拖拖拉拉，虽然承认这件事，却不向陈先生追款。

李女士实在无奈，便主动找到陈先生要求还钱，陈先生倒是客气地听取了李女士的诉说。不过，最后只说了一句：“我很理解你，但我只欠老王的钱，不欠你钱。冤有头、债有主，你找我没有用的。”李女士心凉了半截，追款又陷入了困境。

此时,如果陈先生的说法成立,那么法律天平将严重失衡。对于李女士,王先生明明可以追回10万元来还给自己,但是由于王先生根本不将此事放在心上,可能造成自己就此损失10万元;对于王先生,自己欠了李女士10万元,但由于考虑到陈先生是同学,便不去追讨,因为追讨回来也是还给李女士,不如给同学一个便宜。结果只有李女士遭受了10万元损失,实在不公平。

其实,李女士也不要过于灰心,也许还有办法将10万元追回来。在这种失衡状况下,法律作出了调整。法律认为,如果债务人如王先生这样,懒得行使到期债权,不去追讨次债务人如陈先生的欠款,给债权人如李女士造成损失的话,债权人李女士完全可以向法院直接起诉陈先生,要求次债务人陈先生将10万元还给自己。① 即此时法律将赋予李女士"代位追偿"的权利,允许其越过王先生,直接向陈先生起诉追讨欠款。

我们来看看2020年辽宁省鞍山市中级人民法院一个关于判定可以行使代位追偿权的案例。②

胶带厂是某包装公司合作多年的供应商,后双方发生纠纷。经庄

---

① 【法条链接】《民法典》第五百三十五条:因债务人怠于行使其债权或者与该债权有关的从权利,影响债权人的到期债权实现的,债权人可以向人民法院请求以自己的名义代位行使债务人对相对人的权利,但是该权利专属于债务人自身的除外。代位权的行使范围以债权人的到期债权为限。债权人行使代位权的必要费用,由债务人负担。相对人对债务人的抗辩,可以向债权人主张。

② 本案例以辽宁省鞍山市中级人民法院(2020)辽03民终970号民事判决书为原型编辑整理而成,基本案情及判决理由均有不同程度的删节和修改。

河市人民法院的生效判决书确认,某包装公司欠胶带厂货款 39.5 万元及违约金 3.95 万元,至今尚未清偿。

后来,胶带厂得知,华昌公司与某包装公司之间存在多笔薄膜订购往来业务,某包装公司尚有累计共 16 万元订金款在华昌公司处,华昌公司尚未向某包装公司返还,华昌公司也未向某包装公司发货。但是,某包装公司也一直没有采取有效途径向华昌公司追款,事情就这么拖着。

胶带厂见状无奈,便将华昌公司告上法院,要求华昌公司直接向自己支付其欠某包装公司的 16 万元货款。华昌公司在法庭上辩称,其与胶带厂不存在欠款关系,不同意向胶带厂支付款项。

该案经过审理,法院认为:债务人怠于行使到期债权,对债权人造成损害的,债权人可以向人民法院请求以自己名义代位行使债务人的债权。该案中,经庄河市人民法院生效的判决书确认某包装公司对胶带厂的欠款 39.5 万元及违约金 3.95 万元尚未清偿。同时,包装公司合法享有对华昌公司的债权,且不属于专属于某包装公司自身的债权,债权已到期后,某包装公司未以诉讼方式或仲裁方式向其债权人即该案华昌公司主张其享有的到期债权,该怠于行使到期债权的行为致使胶带厂对某包装公司的到期债权亦不能实现,故胶带厂以自己名义代位行使其债务人即包装公司对华昌公司的债权,法院予以支持。

据此,结合本案其他事实,法院最终判定华昌公司向与自己没有欠款关系的胶带厂支付货款 16 万元。

【余律师支招】

如果别人欠了你的钱一直不还,在追讨无果的情况下,你可以尝试查一查有没有其他人也欠了他的钱没有还,争取寻求代位追债的方法;如果你欠了别人的钱一直没有还,有一天,一个你不认识的人向你追讨债务,你也不要惊讶,可能是他正在行使代位追偿的权利,你也许真的要向这个不认识的人偿还借款。

32 付货款和开发票的顺序不能乱

经济交易中,支付货款和开具发票的正规流程是,买方先将货款付给卖方,卖方才开出发票。因此在常理中,只要开出发票,就意味着货款已经收到。那么,照此常理,是否买方只要拿到发票,就代表着已经付过货款?

实践中并非如此。由于交易不规范,日常经济往来中经常出现“先开发票,后付款”的现象。买家以需要做账为由,要求卖家先提供发票,买家才付款。卖家为了顺利销售回款,往往会答应买家的要求,这也体现了一种信任。但是,一旦这种信任遇到不良之徒,则风险很大。毕竟发票类似一种付款凭证,对方可能拿着你开的发票,主张已经付过款给你。

如果遇到上述情况,法律天平将失衡。对于卖家,出于信任先将发票开出,结果是“钱货两空”;对于买家,以各种理由骗取卖家先将发票开出,然后不支付货款,获得不义之财。

在这种失衡状态下,法律作出了适当的调整。法律认为,只有在双方早就约定发票就是付款证明的情况下,买家才能认为“既然你给我开了发票,就说明我已经付了款给你”,否则,即使买家手持发票,也不能证明已付货款。①

我们来看看 2019 年天津市西青区人民法院一个关于判定手持发票并不能证明已付款的案例。②

天津某纸业公司与某速递物流公司订立《运输服务合同》,约定由某速递物流公司为天津某纸业公司经营的网店提供国内快递包裹运输服务,服务期限为 1 年,按月结算运输服务费。某速递物流公司在完成快递运输服务后,为天津某纸业公司开具了增值税发票。后来,双方产生了纠纷,某速递物流公司向天津某纸业公司多次催讨物流服

---

① 【法条链接】《最高人民法院关于审理买卖合同纠纷案件适用法律问题的解释》(2020 年修正)第五条:出卖人仅以增值税专用发票及税款抵扣资料证明其已履行交付标的物义务,买受人不认可的,出卖人应当提供其他证据证明交付标的物的事实。合同约定或者当事人之间习惯以普通发票作为付款凭证,买受人以普通发票证明已经履行付款义务的,人民法院应予支持,但有相反证据足以推翻的除外。

② 本案例以天津市西青区人民法院(2019)津 0111 民初 3213 号民事判决书为原型编辑整理而成,基本案情及判决理由均有不同程度的删节和修改。

务费无果,遂诉至法院。

某速递物流公司认为,自己已经完成快递运输服务,并且开具了相应的发票,天津某纸业公司却一直以各种理由拒绝向自己足额支付邮寄费用,天津某纸业公司已严重违约。天津某纸业公司辩称,双方的结算方式是,先由天津某纸业公司支付服务费用,后由某速递物流公司出具相应金额的发票。天津某纸业公司已经以现金方式向某速递物流公司支付了全部服务费用。某速递物流公司为其开具的增值税普通发票具有付款凭证的效力,亦可证明自己已履行了给付义务。

该案经过审理,法院认为:天津某纸业公司与某速递物流公司之间存在运输服务合同关系,服务期间共发生运输费用58,583.1元,双方对上述事实均无异议,予以确认。法律规定,合同约定或者当事人之间习惯以普通发票作为付款凭证,买受人以普通发票证明已经履行付款义务的,人民法院应予支持,但有相反证据足以推翻的除外。在合同约定或者当事人之间习惯以普通发票作为付款凭证的条件下,普通发票才可以证明买受人履行了付款义务。现天津某纸业公司仅以已取得某速递物流公司开具的2张发票即证明其已向某速递物流公司支付现金58,583.1元的理由及证据不充分,法院不予采信。天津某纸业公司仍应承担给付某速递物流公司58,583.1元的责任。

据此,结合本案事实,法院认定了某速递物流公司虽然开具了发票,但尚未收到款项的事实。

【余律师支招】

如果你是开票方，最好不要先开票再收款。即使要这样做，也必须采取一些保护措施，如在收到款项的发票上盖上“现金收讫”的章，并形成交易制度和习惯，以备不时之需；如果你是买方，既然收到了发票，就赶紧付款吧，仅凭这张发票并不能证明你已经付过款。

33 预扣利息的企图

资金是日常生活与市场的“血液”，人们衣食住行与企业交易经营都需要资金的支持。

活跃的钱来钱往，保证了社会和经济的蓬勃发展。有些企业有时会缺少流动资金，而有些企业账上存有富余资金，具备向外出借款项的能力，此时便可能发生借款行为。人们日常生活中也是如此，人总有面临资金短缺需要向亲朋好友或者金融机构借款的时候，此时，借钱还钱便是十分常见的社会经济活动。

在借贷关系中，出借人与借款人之间书写借条、借据、借款合同等借款凭证,明确双方的借款本金、利息、还款日期,是非常重要的法律行为。多数人认为,借款凭证中所载明的本金及利息,经双方签字认可,必然受到法律的保护,借款人必须按照记载的本金和利息还款。

其实并非如此。首先,如果双方只是签订了借款合同,事实上还没有出借资金,便谈不上偿还本金利息的事情。其次,如果双方约定的利息过高,并不受法律保护,借款人便不需支付,即使出借人已经收到此部分利息,借款人也可以要求出借人返还。

以上情况,属于人之常情和法律对利率的明确规定,比较容易理解和接受。但在日常借款行为中,出借人往往会在出借款项的同时,便预先扣除利息,只向借款人支付扣除利息后的本金,到期仍然要求借款人偿还全部本金。这种情形下,借款本金应该如何认定,便会产生争议。例如,出借人与借款人签订了一份借款合同,约定借款金额为100万元,借款期限为1年,2020年1月1日起至12月31日止,利息为年息12%,还款日为2021年1月1日。按照常理,在2020年1月1日,出借人应当向借款人提供100万元的借款,在2021年1月1日依约收回本金利息共112万元即可。但在现实生活中,出借人此时可能会在出借款项时从约定本金100万元中预先扣除利息12万元,将剩余88万元支付给借款人;又或者向借款人支付100万元本金的当天马上收回12万元的利息,实际还是只支付了88万元,在1年借款期满后,出借人却仍然向借款人要求偿还约定的本金100万元。上述做法,借款人在还款时虽然颇有意见,但是出借人手持借款合同,白纸黑字写着"到期偿还本金100万元"几个字,振振有词,借款人此时似乎只能承受。

果真如此,法律的天平便失去了平衡。对出借人而言,在签订借款合同的时候,利用优势地位,将约定的利息预扣,到期仍然要求借款人偿还并未足额提供的全部本金,相当于向借款人收取了并未提供借款部分的利息,此部分利息毫无事实与法律根据,被出借人白白赚取;对借款人而言,由于处于急需资金的劣势地位,对出借人的做法不敢表示反对,实际并未拿到约定的全部借款本金,却要为全部本金付出利息,结结实实地吃了个哑巴亏。

在这种失衡的状况下,法律将发挥调整作用。法律认为,一般情况下,借款凭证上记载的本金,是真实有效的,应当得到支持。但是,如果发生预先扣除利息再支付本金的情况,法院会将扣除利息后实际支付的金额作为借款本金,并以此为基础计算借款人应当支付的本金和利息,以实现借款行为人之间权利义务的公平性和统一性。①

我们来看看 2018 年广东省深圳市中级人民法院一个关于判定以实际出借的金额为本金的案例。②

黄某与钟某签订《借款合同》,双方约定由钟某向黄某借款 500 万

---

① 【法条链接】《最高人民法院关于审理民间借贷案件适用法律若干问题的规定》(2020 年第二次修正)第二十六条:借据、收据、欠条等债权凭证载明的借款金额,一般认定为本金。预先在本金中扣除利息的,人民法院应当将实际出借的金额认定为本金。

② 本案例以广东省深圳市中级人民法院(2018)粤 03 民终 15451 号民事判决书为原型编辑整理而成,基本案情及判决理由均有不同程度的删节和修改。

元,并约定利息,借款期限为1年,但是钟某通过银行转账给黄某的实际金额只有4,676,750元。借款期限届满后,黄某并未按约还款,钟某遂将黄某诉至法院。

钟某认为,双方签订的《借款合同》系双方真实意思表示,内容不违反法律的强制性规定,合法有效,各方均应严格履行合同义务。黄某应该按照合同约定的金额向其偿还借款。庭审中,黄某承认双方存在借款的事实,但是并不认可钟某主张的借款本息金额。

该案经过审理,法院认为:关于借款本金问题,根据《最高人民法院关于审理民间借贷案件适用法律若干问题的规定》(2020年第二次修正)第26条依据相关法律规定,借据、收据、欠条等债权凭证载明的借款金额,一般认定为本金。预先在本金中扣除利息的,人民法院应当将实际出借的金额认定为本金。本案中,钟某向黄某转账共计4,676,750元。钟某预先扣除的利息,依照上述规定不能计入本金。钟某主张预先扣除的款项中包括前两笔款项的利息,前两笔款项的利息不属于预先扣除的利息,而是"以新还旧",但本案中并无证据证明双方曾达成"以新还旧"的协议或者黄某同意直接从本笔借款中扣除上一笔借款的利息,因此,法院认定本金为4,676,750元并无不当。

据此,结合本案其他事实,法院最终判定,黄某按钟某实际出借的金额为本金向钟某偿还借款,而预扣利息的部分不计入借款本金。

【余律师支招】

在借款行为中，借款利息的计算和支付是一个非常重要的问题。如果你是出借人，可能会按照惯常做法预先扣除利息，再向借款人支付本金，此时你一定要清楚地知道，这种做法虽然可以减轻自己部分资金风险，但本金数额已经不是你和借款人约定的本金数额了，而将以你实际提供的金额为本金，你几乎不可能白赚你未提供本金部分的利息；如果你是借款人，由于出借人常有预扣利息的做法，导致你不能借足本金，此时你可以将合同约定的借款本金适当提高，以满足借款预期目的，到期后你只需依法按照出借人当初实际支付的金额计算本金即可，应该可以得到法律的支持。

34 保证人排队的秘密

将钱出借给别人，为了到期能安全收回款，最好是要求借款人提供一些担保。常见的担保有房子、车子、股票等，一旦借款人“跑路”，或者还不了钱，可以将上述担保物卖了抵债，这是物的担保。还有一种担保，以人做担保，法律上称为“保证”。保证人的作用，就是为出借人收回借款增加一层保障，保证人参加进来后，在还款人的行列中，便有了借款人和保证人两类人。

依上所述，出借人可以选人还款，但是，也有排列顺序。法律规定，当保证人属于“连带保证”时，保证人与出借人的排列是“横排”，

他们均直接面对出借人,当借款到期,出借人可以任意挑选其中一人请求还款;当保证人属于"一般保证"时,保证人与出借人的排列是"纵队",保证人躲在借款人后面,借款到期后,出借人不能任意挑选还款人,只能先找借款人,甚至要先起诉借款人,只有在借款人实在无钱可还后,才能去找其身后保证人要求还钱。

由此可见,保证人如何排队,关系重大。出借人和借款人均非常注重这个问题,尽量让保证人列为"横排",让其承担连带责任,因为这对出借人来说,还款更有保障,对借款人来说,还款压力可以暂时减轻。让人颇感意外的是,利益最为攸关的保证人,却对此十分漠视。一般情况下,保证人在同意保证时候,很少主动表明其"排队"方式是"横排"还是"纵队",即是承担连带保证责任,还是承担一般保证责任,处于模糊状态。

既然模糊,为使其清晰,法律规定便如期而至。原有法律规定,如果保证人在一般保证和连带保证中,没有作出明确表示的,便按照对保证人最为严厉的方式,即连带保证承担责任。因为这对出借人的利益更有保障,至于保证人,连自己都不关心承担责任的承担方式,便可以推定是愿意承担更严格的责任方式了。

听来有些道理,但实践证明,法律的天平失去了平衡。对于保证人而言，出于好心为朋友的借款充当保证人，没有任何收益，只因当初没有明确保证方式，便要被推定为承担连带责任，借款到期后，出借人甚至连真正的借款人都不找，便直接找自己要钱，这责任有些过大了。何况，法律上存在一般保证和连带保证的区别，对于一般人而言，显得过于专业了。而且，保证人毕竟有一般保证责任和连带保证责任可以选择，在两种责任形式差别如此之大的情况下，仅仅因为保证人没有明确，便推定其承担如此重大的责任，显得对出借人的利益保护力度过大，存在矫枉过正，需要得到再平衡。

因此，《民法典》对此作出了新的规定。[①]《民法典》认为，保证人对承担保证责任方式没有作出明确表示的，不再对其推定以连带保证方式承担责任，即出借人在借款人没有还款时，必须先找借款人确定不能还款后，才能找后面的保证人要求还钱，不能直接找保证人承担责任。

举个例子说明。张先生向李先生借款 100 万元，利息以每年 15% 计算，借款期限 1 年。王小姐是张先生的朋友，她在张先生和李先生的借款合同中，作为张先生的保证人签字，对这笔借款的到期还款提供保证。但是，在这份合同中，王小姐并没有明确该项保证是连带保证，还是一般保证。

1 年后，李先生发现张先生联系不上了，100 万元的本金利息均没有偿还，便急匆匆找到王小姐，要求她承担保证责任，偿还这 100 万元

---

① 【法条链接】《民法典》第六百八十六条：保证的方式包括一般保证和连带责任保证。当事人在保证合同中对保证方式没有约定或者约定不明确的，按照一般保证承担保证责任。

的本金及利息。王小姐对李先生说,你不能直接来找我要钱!虽然我同意做保证人,但肯定是张先生确实没钱还时,才轮到我来还钱啊!

在张先生玩失踪,王小姐又不愿还钱的情况下,李先生直接将保证人王小姐告上法院,会是什么结果呢?

在《民法典》施行前,李先生会赢,法院将依照原来的法律规定,判决王小姐承担还款责任,因为王小姐在合同中没有明确承担何种保证责任,依法可以推定为承担连带保证责任。但是如今,《民法典》已经施行,李先生会输,该案将按照《民法典》第686条的规定审理,法院将判决驳回张先生的诉求,因为《民法典》完全颠覆了上述推定原则,在王小姐没有明确承担何种保证责任的情形下,应当认定其承担一般保证责任,那么,张先生应当先起诉李先生,待李先生的财产被强制执行后,如果依然不足偿还,才能由王小姐承担责任。作为一般保证人,王小姐享有的上述权利,法律上称为"先诉抗辩权",如李先生不先起诉张先生,便无权要求王小姐承担保证责任。

【余律师支招】

如果你是出借人,如果有人愿意为债权做担保,最好让其在合同中明确承担的是连带保证责任,以便在债权到期后,可以选择财产最多的人进行偿债。关键在于,让保证人明确作出承担连带责任的意思表示,不能模棱两可,意思不清。如果你是保证人,则尽量不要同意承担连带保证责任,承担一般保证责任即可,以便享有先诉抗辩权,不至于好心为朋友做个担保,却直接导致自己过大的经济损失。

35 不可抗力,不可乱用

有时候,正常的经济活动会被一些自然灾害如地震、台风、暴雨所阻断,这些事件在法律上被称为不可抗力。不可抗力是指不能预见、不能避免并不能克服的客观情况。

经济活动被不可抗力阻断,就意味着经济交易的一方可能无法完成合同约定的义务。对这种违约,根据现行法律规定,如果属于不可抗力造成的,则可以部分或者全部免责。① 正因为这把"尚方宝剑",当遇到不可抗力无法完成合同义务时,有些人便轻松地认为,"慢慢等吧,等天气好了再说,反正是不可抗力,不用负责的"。

这种想法似乎有些道理,其实并非如此,即使遇到不可抗力,也有可能要承担责任。比如,一家内陆水产公司从某沿海城市买了3车海鲜产品,价值30万元,水产公司要求运输公司在2日内运达目的地。

---

① 【法条链接】《民法典》第五百九十条:当事人一方因不可抗力不能履行合同的,根据不可抗力的影响,部分或者全部免除责任,但是法律另有规定的除外……

殊不知,天气突然发生变化,台风、暴雨导致的泥石流将两地之间唯一的道路掩埋,运输公司将不可能在2日内完成任务。此时,运输公司认为反正遇到不可抗力事件无须负责任,便没有及时通知水产公司当时发生的情况,而在原地消极等待,2日后路通了再出发。

在这种情形下,如果运输公司不需要承担任何责任的话,法律天平将失衡。对于运输公司,自恃不可抗力可以免责的理由,发生了意外情况也不及时通知对方作出应对措施,完全不顾及他人利益,以致最终送货上门的时候,全部海鲜产品可能已经死亡甚至腐烂,导致水产公司直接损失30万元;对于水产公司,由于海鲜产品具有非常特殊的鲜活度和时间性,如果接到了运输公司的及时通知,便可以安排他人在当地将海鲜产品及时销售或者降价处理,如果当时可以20万元卖出,那么直接损失将降到10万元。如今,由于运输公司的不及时通知,造成30万元直接打了水漂。

在这种失衡状况下,法律作出了调整。法律认为,一方因为不可抗力不能及时履行合同义务时,要及时通知对方,以减轻对方的损失,同时还要在合理期间提供证据,以证明该不可抗力事实的存在。[①] 如果没有履行这一通知义务,给对方造成了不必要的损失,则对于这部分损失不能以不可抗力为理由要求免责。简言之,在上例中,如果运输公司及时通知了对方,可能水产公司只是损失10万元,而由于运输

---

① 【法条链接】《民法典》第五百九十条:……因不可抗力不能履行合同的,应当及时通知对方,以减轻可能给对方造成的损失,并应当在合理期限内提供证明。当事人迟延履行后发生不可抗力的,不免除其违约责任。

公司没有通知对方，水产公司损失了30万元，运输公司则应当对差额20万元即水产公司可能挽回的损失承担赔偿责任。

【余律师支招】

在不可抗力事件中，如果你是履行义务的一方，千万要记住，必须及时通知对方，并提供相应的证据如气象局的报告，否则可能无法免责；如果你是遭受损失的一方，对于对方不及时通知造成的那部分损失，你可以要求赔偿，而不是遇到不可抗力便自认倒霉。

36 还债之前，转移财产

自己拥有的私有财产，意味着自己可以随意处理，既可以高价出售，也可以低价出售，甚至可以无偿赠送，至于结果是赚是亏，他人都没有什么好说的。多数人都认可这个道理。

但其实法律对此还是有限制的。在波诡云谲的商业竞争中，一些公司在追讨债务时，发现对方已经提前将重要资产如房产、重大机器无偿或者低价转让出去，以致自己的债权丧失了财产保

障基础,十分无奈和气愤。

如果这种恶意转让的行为可以成立,那么法律天平将失去平衡。对于追债的一方,恶意转让行为可以掏空欠债一方的资产,致使债权人无法实现债权,追也是“空追”;对于欠债的一方,明知自己债务缠身,已经处在无法偿还所有债务的情况下,还故意将可以用来还债的财产低价处理,是明显的不正当转移财产行为,将严重损害债权人的利益。

在这种失衡状况下,法律作出了调整。法律认为,当欠债一方以明显低价处理财产,对追债一方造成了损害,并且接受财产的一方是知道内幕的情形下,这种低价处理行为可以被法院撤销。当然,如果是无偿赠送,那么更应该被撤销。此外,欠债一方以不合理的高价购买别人财产的行为,也可能因为损害追债一方的利益被撤销。①

我们来看看2020年湖南省湘潭县人民法院一个关于判定撤销未支付对价转移房产行为的案例。②

刘女士和肖先生发生了合同纠纷,在湖南省湘潭县人民法院组织下达成调解协议,刘女士需向肖先生支付借款本金60万元及利息,现民事调解书已经生效。随后,肖先生向法院申请强制执行上述民事调

① 【法条链接】《民法典》第五百三十九条:债务人以明显不合理的低价转让财产、以明显不合理的高价受让他人财产或者为他人的债务提供担保,影响债权人的债权实现,债务人的相对人知道或者应当知道该情形的,债权人可以请求人民法院撤销债务人的行为。

② 本案例以湖南省湘潭县人民法院(2020)湘0321民初508号民事判决书为原型编辑整理而成,基本案情及判决理由均有不同程度的删节和修改。

解书，在执行过程中，刘女士提出解除自己被法院查封的两处房产，以便其向银行申请贷款，肖先生同意后向法院提交了解除冻结申请书。房屋解封后，刘女士并未按约向肖先生支付任何款项，反而迅速将上述两处房产赠与自己的亲属陈小姐，并办理了过户手续。

肖先生得知刘女士的上述行为后火冒三丈，便向法院提起诉讼，声称刘女士与陈小姐的房产赠与行为是典型的恶意转移财产的行为，侵害了肖先生的债权利益，肖先生请求法院撤销刘女士与陈小姐的《房屋赠与合同》，并将房产收回至刘女士名下。

刘女士辩称，陈小姐是涉案房屋的实际权利人，涉案房屋是由陈小姐多年前全款购入，且后续的日常管理和租赁使用都是由实际权利人陈小姐在负责，自己只是涉案房屋的名义权利人，其转让行为不存在恶意逃避债务。肖先生认为，刘女士系无偿转让财产，双方虚构事实，掩人耳目，目的是恶意转移财产，逃避债务。

该案经过审理，法院认为：刘女士所欠肖先生借款 60 万元及利息，经湘潭县人民法院调解结案，已进入强制执行阶段，肖先生经与刘女士协商以将被法院查封的位于湘潭县的房屋作为抵押向银行贷款偿还肖先生债务为由，向执行法院申请解除对前述被查封房产的冻结。之后，刘女士将涉案房屋以赠与的形式无偿转让给陈小姐，致肖先生的债权无法实现。刘女士转让财产的行为已给肖先生的合法权益造成了损害，肖先生可以请求撤销刘女士与陈小姐就涉案房产的赠与行为。陈小姐声称因其他原因才会将涉案房屋登记在刘女士名下，但是事后多年各方一直未变更涉案房屋的产权，不符常理，故对该项抗辩理由，法院不予支持。

据此,结合本案其他事实,法院最终判定,撤销刘女士、陈小姐就涉案房屋签订的《房屋赠与合同》,陈小姐应将涉案房屋返还给刘女士。

【余律师支招】

如果你是追债的一方,在对方无力偿债时,要留心对方在此之前有无低价处理财产的行为,如果有,要争取撤销这个行为,要求物归原主,并将其纳入偿债资产行列中;如果你是欠债的一方,企图通过低价转让的方式来转移资产,恐怕将面临财产处分行为事后被法院撤销的风险。

37 故意诉讼,把水搅浑

由于惹上官司,有些公司的货物会被对方申请财产保全,由法院进行查封。但是,法律规定只有确实属于这家被告公司的货物才可以被查封,如果还没有搞清楚这批货物的权利归属,法院是不会轻易进行查封的。

于是,为了避免自己的货物被查封,实践中便出现了一些“歪招”。比如,某公司预料到自己的一些货物将会被查封,其母公司或者关联

公司即“兄弟单位”便跳出来，主动起诉该公司，故意制造诉讼，向法院声称双方在这批货物上产生了纠纷，这批货物的权属尚未确定，要求法院进行审理。目的是挑起对被查封财产的权属争议，以达到阻缓或者对抗法院查封该财产的目的。

这个方法看似可行，但是毕竟是虚假诉讼，其本身存在的漏洞比较多，容易被法院识破，反而要承担不利后果。另外，如果这种方法确实可行，那将产生大量的虚假诉讼，使许多财产逃避查封，损害债权人的合法利益。

在出现这种类似案例的时候，法院将引用“诚实信用”原则，将虚假诉讼行为揭穿，正本清源，主持公道。①

我们来看看2019年河南省平顶山市中级人民法院一个关于揭穿虚假诉讼的案例。②

李大坤因病逝世，享年92岁。李大坤生前购买多处地皮，兴建数栋房屋出租收益。李小林、李小鹏、李小阁均为李大坤的儿女，其中李小林是长子。在李大坤年龄渐衰时，早已将家族企业交给自己的儿女打理，其中有相当数量的资产登记在长子李小林名下。

李大坤葬礼过后，李家爆发家庭矛盾。姚某因资金周转困难，把目光瞄准了李小林，欲利用李家分家析产诉讼从中处获利。双方商量后，姚某数次将李小林起诉至人民法院。姚某尝试过以民间借贷纠纷

---

① 【法条链接】《民法典》第七条：民事主体从事民事活动，应当遵循诚信原则，秉持诚实，恪守承诺。

② 本案例以河南省平顶山市中级人民法院（2019）豫04民终73号民事判决书为原型编辑整理而成，基本案情及判决理由均有不同程度的删节和修改。

为由诉至法院,要求李小林向其归还借款本金1000万元及利息,并向法院申请查封冻结了李小林名下的房产,但后因证据不足被法院驳回。后来,姚某又尝试以房屋转让合同纠纷等为由主张权利,并申请了财产保全措施。李小鹏、李小阁认为姚某与大哥李小林恶意串通,虚构事实,假意向李小林主张追偿权,实际属诉讼诈骗。

该案经过审理,法院认定:(2014)平民初字第39号姚某诉李小林民间借贷纠纷一案中,姚某、李小林认可涉案借款房屋抵押合同和李小林出具的1000万元款项的借据纯属虚构,合同内的所有条款一律无效,目的是共同转移李家的资产。姚某与李小林等房屋买卖合同纠纷一案,经两级法院审理,姚某与李小林之间所签订的涉案房屋转让协议被认定为恶意串通且严重损害第三人李小鹏、李小阁的利益,属于无效协议。到后来姚某参加李小林家庭成员之间的分家析产诉讼等相关诉讼,均未实行诉讼目的。姚某、李小林多次恶意串通,损害第三方利益,引发多起诉讼,有违诚实信用。

此前,姚某、李小林在平顶山市中级人民法院进行的是虚假诉讼,被法官识破后,双方具结悔过,写出检讨才被准予撤诉。本案中,姚某再次依据该已被认定为恶意串通订立的房屋转让协议为依据提起民事诉讼,本案诉讼与平顶山市中级人民法院的虚假诉讼案件关联交叉,有虚假诉讼、妨害司法犯罪的嫌疑,不宜作为民事案件审理,依法应移交公安机关处理。

据此,结合本案其他事实,法院判决驳回原告姚某的诉讼请求,并揭穿了原告姚某挑起诉讼的不良意图。

【余律师支招】

如果你发现有人制造虚假诉讼，阻碍你行使权利，不要担心，尽量寻找有利证据，向法院提起诉讼，法律上有一条叫作“诚实守信”的兜底原则可以保护你；如果你想要利用法律的“条条框框”来制造障碍，达到不可告人的目的，那么请留意，假的东西必然有漏洞，难免被揭穿，最终要承担不利的法律后果。

38 将恶意抵押打回原形

在经济活动中，财产抵押权是一项非常重要的权利，因为它可以优先受偿。比如，许多人都曾经历过的房屋按揭贷款，银行同意贷款给业主买房后，便在这套房屋上设定了一个抵押权，就好像给这套房屋穿上了一件“铁甲衣”。万一这套房屋被卖了，银行对这套房屋卖出去的钱款是有优先受偿权的，即卖家必须先将银行那部分贷款还给银行，剩下的才是自己的。此时，银行当初披上去的“铁甲衣”起到了优先保护的作用。

看来，这件“铁甲衣”的确非常有用。但是，事物总有两面性，既然“铁甲衣”具有利用优先受偿权保护部分债权的功能，那么，它会不会让别有用心的人拿来实现不法意图呢？比如，有些老板很“义气”，眼看自己公司资不抵债了。也就是说，即使将公司所有财产卖掉也还不

清所有债务,此时这位老板发现,其中一个债权人是与自己关系很铁的“兄弟”,想先保证还他的欠款,便故意将名下财产抵押给他,企图在破产清算时,这位“兄弟”可以优先实现债权,其他债权人则什么也得不到。

如果这种恶意抵押权可以实现优先受偿,那么法律天平将出现失衡。对于上述那位老板,如此便可以通过故意安排抵押权的方式,让与自己关系好的债权人优先获得清偿,其他债权人将陷入苦苦追债之后一分钱都得不到的境地。

在这种失衡的状况下,法律作出了调整。法律认为,当债务人被许多债权人追债的时候,如果他与其中一个债权人恶意串通,将全部或者部分财产抵押给这位债权人,最后导致其他债权人的利益受损,那么这种恶意抵押的行为无效。① 让所有财产恢复到原来的状态,以便全部债权人公平受偿。

我们来看看2020年成都市中级人民法院一个关于认定恶意抵押行为自始无效的案例。②

① 【法条链接】《民法典》第一百五十四条:行为人与相对人恶意串通,损害他人合法权益的民事法律行为无效。

② 本案例以成都市中级人民法院(2020)川01民终6503号民事判决书为原型编辑整理而成,基本案情及判决理由均有不同程度的删节和修改。

郭先生一直为晏某供应板材。经过郭先生再三催促,晏某向郭先生出具欠条一份,载明晏某尚欠郭先生货款 58 万元。但是晏某一直拖着不还款,郭先生无奈诉至法院,要求晏某支付货款及利息,法院判决支持了郭先生的诉讼请求。

后来,郭先生得知,在晏某给自己出具欠条的次日,晏某便向成都市某区不动产登记中心提交《借款协议》及《房地产抵押合同》,将自己的房产抵押给李某,并办理了房产抵押登记手续,抵押权利价值为 55 万元。此举意味着,一旦晏某不能偿还李某 55 万元,李某便有权对房屋的拍卖款项优先受偿。

此时,郭先生非常着急,因为晏某名下值钱的财产也就只有这么一处房产了,如果这处房产上还设定了抵押权,那么即使拍卖掉这处房产,受偿的也是李某,自己仍然分文未得。于是,郭先生马上向法院提起诉讼,请求法院撤销晏某与李某之间关于涉案房产的抵押行为。

该案经过审理,法院认为:首先,晏某在所欠大额债务需要清偿,财产已不足以清偿全部债务的情况下,将案涉房屋抵押给李某的行为,存在相互串通以抵押方式逃避履行债务清偿、损害其他债权人利益的主观恶意。另外,从晏某向郭先生出具欠条,次日便将案涉房屋抵押给李某的时间节点来看,晏某的抵押行为也存在逃避债务的主观恶意。其次,李某与晏某系儿女亲家关系,两人主张基于借贷关系办理房屋抵押登记,但陈述交付的借款系存放于李某家中的现金,而双方并未提交充分的证据佐证。借款的实际交付情况是判断借贷关系是否真实、是否成立的重要因素。根据法律规定,债务人有多个普通债权人的,在清偿债务时,债务人与其中一个债权人恶意串通,将其全部或者部分财产抵押给该债权人,因此丧失了履行其他债务的能力,损害了其他债权人的合法权益,受损害的其他债权人可以请求人民法院撤销该抵押行为。因此,法院判决撤销了晏某与李某之间关于涉案房产的抵押行为。

据此,结合本案其他事实,法院判决认定上述恶意抵押的行为自始无效。郭先生通过法律途径,成功地将晏某恶意披在涉案房产上的“铁甲衣”掀开,为自己的债权偿付提供了保障。

【余律师支招】

如果你是债务人,想照顾某个债权人,并与其共谋,提前将财产抵押给他,那么可能被认定为“恶意抵押”,抵押财产将被打回原形;如果你是债权人,在追债的过程中发现对方的有些财产被设定了抵押权,致使你讨债无门,则要留意对方有无“恶意抵押”的情况,如有,则可以申请法院该行为自始无效,保护自己的利益。

第三章

违约赔偿

39 违约后的“救命稻草”

经济往来中,任何人都难免会犯错,可能在合同履行过程中违约。按照常理,合同对违约金都有明确约定,一旦出现违约事项,违约方必须按照合同约定向对方支付违约金。但是,如果当时合同约定的违约金是“天价”,例如,本来价值 10 万元的货物交易,双方却在合同中约定违约金为 100 万元,万一有一方确实违约了,是否必须按照约定的 100 万元进行赔付呢?多数人此时会觉得不太合理,但又似乎不能否认,毕竟双方是自愿签订违约金条款的。

如果必须按照“天价”赔付,法律天平将出现失衡的状况。对于违约的一方,是否完全履行合同本身具有一定的不确定性,并不是主观

可以绝对掌控的,同时,我国法律规定违约金一般只起到补偿性作用,并不要求起到惩罚性作用,过高的违约金将使违约方受到过度“重创”;对于守约的一方,虽然自己应该得到赔偿,但是如果违约金过高,则意味着可获得超额收益,这将可能鼓励更多的守约方将其视为“创收”手段。

为了纠正这种失衡状况,法律作出了调整。法律认为,约定的违约金过分高于造成的损失的,当事人可以请求人民法院或者仲裁机构予以调整。当然,过低的也可以申请调整。①

我们来看看2018年湖南省宁乡市人民法院一个关于调低违约金的案例。②

某建筑公司需要装修办公室,便向湖南建材公司购买了一批钢材,双方签订一份《钢材购销合同》,总货款为58万元,由湖南建材公

① 【法条链接】《民法典》第五百八十五条:当事人可以约定一方违约时应当根据违约情况向对方支付一定数额的违约金,也可以约定因违约产生的损失赔偿额的计算方法。约定的违约金低于造成的损失的,人民法院或者仲裁机构可以根据当事人的请求予以增加;约定的违约金过分高于造成的损失的,人民法院或者仲裁机构可以根据当事人的请求予以适当减少。当事人就迟延履行约定违约金的,违约方支付违约金后,还应当履行债务。

② 本案例以湖南省宁乡市人民法院(2018)湘0124民初5587号民事判决书为原型编辑整理而成,基本案情及判决理由均有不同程度的删节和修改。

司负责制作并送货。合同约定,湖南建材公司向某建筑公司垫资供货150 吨以内,垫资期限为 4 个月(自双方签订合同之日起计算),垫资供货部分的货款某建筑公司应在垫资期限届满之日予以结算并支付全部货款。

同时,双方还约定了违约金的计算方式,如果某建筑公司逾期向湖南建材公司支付货款,湖南建材公司有权停止供货并有权一次性收回全部货款,某建筑公司还应承担逾期未付货款(包含垫资部分的货款)按逾期 1 天 3‰计算的违约金。

在合同履行过程中,湖南建材公司如期交货,经建筑公司验收后,钢材质量均为合格。但是,建筑公司未支付任何货款,湖南建材公司多次追讨未果。后来,湖南建材公司将建筑公司诉至法院,要求法院判决建筑公司支付已收到货物款项 318, 583 元,并按照每逾期 1 天按总价款 3‰的标准支付违约金,且鉴于建筑公司分文未付,项目目前已停工,合同应予解除。

经过审理,法院认为,庭审过程中,原、被告双方就合同解除没有异议,法院对原告要求解除《钢材购销合同》的请求予以支持。

违约金的计算基数应以钢材货款本金 318, 583 元为基数,而不应包含运费、补差及应缴税金。且两次供货货款计算违约金起点时间应分别计算,其中 157, 084 元货款应自 2018 年 1 月 20 日起开始计算违约金,161, 499 元货款应自 2018 年 2 月 1 日起计算。后期原告主张的虽为利息,但其实质内容为根据合同违约责任之约定主张的逾期付款违约金,故法院对其利息请求予以支持。本案中原、被告双方在合同中约定逾期支付货款按每日 3‰支付违约金,但违约金的支付应当以实际损失为基础,兼顾合同的履行情况、当事人的过错程度以及预期利益等综合因素,根据公平原则和诚实信用原则予以衡量。根据本案实际情况,法院酌情将违约金及利息标准均调整为每日5‱,计算至2018年4月11日,157,084元货款的违约金为6361.9元,161,499元货款的违约金为5571.72元,合计11,933.62元。后段逾期付款利息损失以欠付货款本金318,583元为基数,按照日利率5‱的标准计算至实际清偿之日止。

据此,结合本案其他事实,法院最终判定将违约金标准从合同约定的每延迟一天按总价款的3‰收取降至5‱。

【余律师支招】

在合同履行过程中,如果你不小心违约了,被对方追索"天价"违约金,不要惊慌,要向法院申请调低违约金,它也许是你的一根"救命稻草";如果你是守约方,要认识到合同中约定的"天价"违约金并不必然获得法律的支持,即使合同约定的内容是双方你情我愿确定的,但如果对方申请调低,法律将依然出面维持合理的利益平衡。

40 已发生的损失要赔,还没有发生的损失也要赔

在货物交易中,对方违约了,我们肯定要向对方追讨损失,一般来说,我们只能追讨约定的违约金,或者是那些已经发生的费用、损失等。但是在现实中,有的公司很冤屈:“我和供应商约好了常年供货的,现在供货商违约了,虽然我可以追讨一些看得见的人工支出和仓库费用等直接损失,可我损失更大的是将来转卖这些货品的利润,这个损失谁来赔?”多数人认为,这些还没有发生的利润是赔不了的。

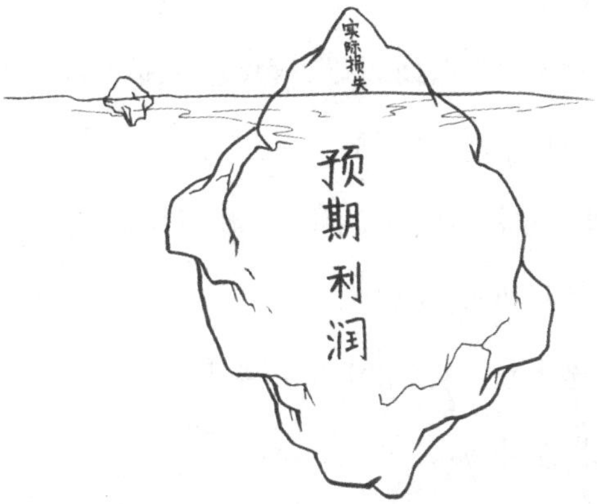

其实并非如此,如果这部分可预期的利润赔不了,法律天平将失去平衡。对于购买方来说,买进这批货物就是为了转售出去,赚取中间利润,供应商只赔偿一些发生了的费用,远远不足以弥补购买方丧失市场机会造成的损失;对于供应商,违约只需赔对方直接损失,则违约成本太低,如果此时货物价格飙升,供应商反而还可能因为留下了这批货物获得暴利。

在这种不平衡状况下,法律作出了调整。法律认为,如果有一方

违约,在赔偿的时候,要赔偿违约给对方造成的所有损失,还特别强调,包括那些合同履行后可预期利益的损失。

我们来看看2019年江苏省南京市江北新区人民法院一个关于判定需要卖家支付买家预期利润损失的案例。①

2020年2月,甲公司与乙公司签订《购销合同》,约定甲公司向乙公司购买某超声波发生器650台,总价100万元,提货日期为2020年4月1日。甲公司已向乙公司共支付了85.05万元货款。甲公司为中间商,购买该批超声波发生器的目的是转售获利。于是,甲公司与乙公司签完合同后,马上与丙公司签订此类超声波发生器买卖合同,合同约定丙公司向甲公司购买超声波发生器425台,总价140万元,交货日期也为2020年6月1日。后来,该超声波发生器的市场价格一路上涨,截至2020年4月1日,乙公司仅履行了350台的交付义务,后拒绝继续交货。

甲公司认为,乙公司未按约交货,导致其在与丙公司之间的买卖合同中违约,甲公司为此损失预期利润57万元。被告有能力履行合同而不履行,在甲公司无法接受其加价才发货的要求后拒绝继续发货,乙公司应赔偿甲公司全部损失。乙公司辩称,其实际履行350台,合计52.8万元,已收取未履行的货款已经退还原告。被告不存在违约行为,双方已通过微信方式解除了合同。双方为此争执不下,协商未果,遂诉至法院。

---

① 本案例以江苏省南京市江北新区人民法院(2019)京0105民初80528号民事判决书为原型编辑整理而成,基本案情及判决理由均有不同程度的删节和修改。

该案经过审理，法院认为：当事人一方不履行合同义务或者履行合同义务不符合约定，给对方造成损失的，损失赔偿额应当相当于因违约所造成的损失，包括合同履行后可以获得的利益，但不得超过违反合同一方订立合同时预见到或者应当预见到的因违反合同可能造成的损失。原告甲公司主张的预期利润损失 57 万元，是按照逾期交付 300 台，每台按照原被告合同单价 1600 元与原告与丙公司合同单价 3500 元的差价 1900 元计算得出。法院认为，预期利润损失计算的标准 1900 元，具有事实和法律依据，予以支持。

据此，结合本案其他事实，法院最终判定乙公司要向甲公司支付预期利润 57 万元。

【余律师支招】

生意往来中，如果你一直非常担心对方违约，在签合同时最好加上关于预期利益的赔偿约定，万一对方违约，你可以直接提出赔付未来利润的要求；如果你是可能违约的一方，请务必留意，违约后要赔付的可不仅仅是已发生的费用支出，还要赔付对方未来可预见的利润，眼光可要长远一些。

41 违约一方，也能解约了

合同一经签订生效，双方便要诚信履约，这是法律明文规定的义务。合同的稳定性非常重要，如果合同一方可以随便解约，所有人都会觉得签合同没有什么意义。一旦有人想要解约，如该付货款的不付了，该还借款的赖账了，该付租金的“溜号”了，那么合同的另一方当然可以将其告上法院，要求其守约，即继续履行合同，支付款项。

因此，无论从法律上还是道德上来看，守约是必需的。但是，解约即解除合同，有时也是必需的。比如，在房屋买卖合同中，购房人的首期款已经支付了，但业主却玩起了失踪，业主的违约行为导致房屋买卖合同无法继续履行。此时，购房人的资金被一直占用，却得不到房子。这种情形下，购房人当然可以选择解约，不再购买该房屋，并有权要求业主将已支付的首期款退还，还可要求业主赔偿违约金。当然，购房人也可以选择要求业主继续履行合同，将房款全部支付至业主的银行账户后，由法院判决后申请强制执行，将房屋通过法律手段过户给自己，最终获得该房屋。

从上述例子可知，是否可以解约，其权利显然属于守约的购房人一方，并不属于违约的业主一方。如果违约的业主也享有解约的权利，那么在这个房价日益上涨的年代，业主极有可能恶意违约并解约，将房屋卖给出价更高的下一家，从上涨的房价中获得非法利益，滋生严重的道德风险。

《民法典》施行之前，法律确实也将单方主动解约的权利，基本上只赋予了守约人。常识判断如此，再有法律的加持，主动违约人不能行使解约权，只能老老实实地继续履行合同，便成为社会多年来普遍认同的观念。

观念如此绝对，法律的天平便失去了平衡。比如，在商铺租赁合同关系中，对承租商家而言，承租商铺是为了做生意，如果生意做不下去了，其又不能主动与业主解除租约，那么依据法律规定，将要继续向业主支付租金，便只能不断投入，造成无法避免的重大经济损失；对业主而言，为了稳定的租金收益，不顾商家的实际困难，坚持不同意解约，要求该商家一直支付租金，也确实有些不近人情。

不用担心，《民法典》对此作出了新的规定。[①]《民法典》认为，虽然租客中途不再支付租金属于违约行为，但如果租客继续租赁下去，确实属于不适于强制履行或者履行成本过高的情形，那么在业主起诉的时候，租客可以要求解除合同，但该赔的违约金要赔给业主。法院

---

① 【法条链接】《民法典》第五百八十条：当事人一方不履行非金钱债务或者履行非金钱债务不符合约定的，对方可以请求履行，但是有下列情形之一的除外：（一）法律上或者事实上不能履行；（二）债务的标的不适于强制履行或者履行费用过高；（三）债权人在合理期限内未请求履行。有前款规定的除外情形之一，致使不能实现合同目的的，人民法院或者仲裁机构可以根据当事人的请求终止合同权利义务关系，但是不影响违约责任的承担。

在审判实务中也认为,[1]租客虽然违约,但只要他不是恶意的,且继续履行将导致非常不公平,同时业主有违诚实执意不解除合同,法院可以根据租客的诉求,将租赁合同解除,以维护公平公正。

我们来看看2020年湖北省宜昌市中级人民法院一个关于判决违约的租客可以解除租赁合同的案例。[2]

李小姐与业主某公司签订了《多业态租赁经营合同》及《广场运营管理协议》,约定李小姐在商区经营私人影吧,租赁期3年,头两年每月租金15,000元,此后每年递增8%,水电费据实支付。签订合同后,李小姐开始入场,装修经营。在头两年里,李小姐按期支付租金,虽然其生意不好,但也在勉强支撑。在第三年的第一个月,李小姐便无法支付租金了,李小姐与业主某公司协商退租事宜,但业主坚决不同意。

无奈之下,李小姐向业主正式提交撤场申请,表明因市场持续低迷,长期亏本,已经不堪重负,只能忍痛退场。在业主未予回复的情况下,李小姐自行将店铺内的设备、物品等搬走退场,未再继续经营。

业主某公司见状,将李小姐诉至法院,要求李小姐继续履行合同,支付租金,并赔偿业主某公司的损失。在法庭上,李小姐提出由于经

---

① 【法条链接】《全国法院民商事审判工作会议纪要》第四十八条:违约方不享有单方解除合同的权利。但是,在一些长期性合同如房屋租赁合同履行过程中,双方形成合同僵局,一概不允许违约方通过起诉的方式解除合同,有时对双方都不利。在此前提下,符合下列条件,违约方起诉请求解除合同的,人民法院依法予以支持:(1)违约方不存在恶意违约的情形;(2)违约方继续履行合同,对其显失公平;(3)守约方拒绝解除合同,违反诚实信用原则。人民法院判决解除合同的,违约方本应当承担的违约责任不能因解除合同而减少或者免除。

② 本案例以湖北省宜昌市中级人民法院(2020)鄂05民终1544号民事判决书为原型编辑整理而成,基本案情及判决理由均有不同程度的删节和修改。

营难以为继，请求法院判决解除租赁合同。

该案经过审理，法院认为，李小姐和业主某公司之间设立的租赁合同关系合法有效，双方均应诚信履行。李小姐未按照合同约定支付租赁费用，构成违约，应当承担违约责任。依照法律规定，通常情况下，违约方不享有单方解除合同的权利，但是对于房屋租赁合同这种长期性合同，承租方使用租赁房屋用于生意经营，若承租期间经营无以为继，强求承租方继续履行租赁合同，显然有失公平，在此情形下，承租方的合同目的无法实现，出租方若拒绝解除合同，也有违诚实信用原则，因此应当有条件的允许承租方单方解除合同，以解决合同僵局。本案中李小姐以经营持续亏损为由向业主书面提出退租，并从商铺退出，未再继续经营，可视为双方租赁关系终止，但李小姐应承担的违约责任不能因合同终止而免除。

据此，结合本案的其他事实，法院判定李小姐向业主支付 2 个月租金的物业空置损失等违约赔偿，从此原租赁合同终止，李小姐可以正式退租，双方不再履行该合同的义务。

【余律师支招】

如果你是守约方，在多数情况下，只要对方违约，你便可以要求对方赔付违约金，并且要求其继续履行合同，法律支持你去获得原本应有的合同利益。但是，也有例外，如果强行要求对方继续履行确实有违公平，你也最好以诚为本，妥善处理。如果你是违约方，虽然法律在你难以为继履行合同的情况下，赋予你终止合同的权利，但你也不能信口开河，滥用权力，因为法律对此种权利行使的认定标准较为严格，你若非善意，也是行不通的。

42 合同无效,是否“竹篮打水一场空”

在一些买卖合同纠纷中,卖方不想履行合同,或者想撤销合同,就会找到一些政策法规做理由,声称这个合同违反了法律规定,是无效的,原本就不应该签订,或要撤销这个合同。这种说法常常把对方搞得很紧张,觉得如果合同无效,则意味着之前的投入将付诸东流,所有的交易将“竹篮打水一场空”,白干一场。

如果这种担忧成为现实,将导致法律天平失衡。对于卖方,当初明知道签合同可能违法,但为了获取利益还是和买方签订合同,先收钱再说,但事后发现撤销合同对自己更加有利便反悔,是不诚信的行为;对于买方,出于信赖和卖方签订了合同,可能还为此付出了许多的费用和成本,此时卖方反悔,否认合同效力,买方将遭受不小的经济损失。

在这种失衡状况下,法律作出了调整。法律认为,合同无效后,首先是将双方“打回原形”,该归还货物的归还货物,该归还货款的归还货款。然后看合同无效主要是谁的责任,有过错的一方还要赔付另一方所遭受的损失。①

我们来看看2018年广东省惠州市中级人民法院一个关于判定合同无效后,责任方赔偿对方损失的案例。②

聂先生在广东惠州做生意,需要租房。2016年,在赵小姐声称已取得原房东的同意后,聂先生与赵小姐签订了一处房屋的租赁合同,租期为2016年4月1日至2019年4月1日,每月租金为6000元,租房押金为20,000元。另外,赵小姐要求聂先生向其支付转让费55,000元。

聂先生支付了租房押金及转让费共75,000元后,装修房屋,开始营业。谁知半年过后,租赁商铺所有权人韩某向聂先生发出通知,表示其不认可赵小姐与聂先生签订的《租房合同书》,要求聂先生必须于2017年2月28日前搬迁,聂先生收到通知后,与赵小姐多次交涉未果,在压力之下停止了经营并搬离租赁商铺。后来,聂先生将赵小姐诉至法院,要求法院判决赵小姐退回聂先生已交的租房押金及转让费共75,000元,并赔偿由此造成的损失,如装修费。

该案经过审理,法院认为,根据赵小姐与聂先生签订的《租房合同书》第11条,可推定聂先生对于赵小姐并非房东,赵小姐是将商铺转

---

① 【法条链接】《民法典》第一百五十七条:民事法律行为无效、被撤销或者确定不发生效力后,行为人因该行为取得的财产,应当予以返还;不能返还或者没有必要返还的,应当折价补偿。有过错的一方应当赔偿对方由此所受到的损失;各方都有过错的,应当各自承担相应的责任。法律另有规定的,依照其规定。

② 本案例以广东省惠州市中级人民法院(2018)粤13民终322号民事判决书为原型编辑整理而成,基本案情及判决理由均有不同程度的删节和修改。

租的事实是清楚的。但是,赵小姐无法提交其转租已经所有权人韩某明示同意的证据,也没有提交证据证明聂先生在签订租赁合同时明知其转租未经出租人同意,即无法证明该合同无效的风险为聂先生签订合同时可预见,故此应认定聂先生作为次承租人对于转租未经得出租人同意这一情形不知情,其是善意的。在此情况下,因承租人擅自转租导致转租合同无效的过错责任,应由转租人即赵小姐一方独自承担。聂先生起诉要求赵小姐承担转租合同无效情况下的缔约过失责任,有事实和法律依据。

事实上,聂先生对涉案门面商铺已经实际装修并使用,法院认定赵小姐理应对聂先生合同期限内缴纳的费用(包括租金、押金、转让费),对必要损失如装修费予以赔偿。

据此,结合本案其他事实,法院最终判定合同无效,过错方赵小姐应该返还聂先生押金和转让费,并赔偿聂先生装修损失。

【余律师支招】

如果你是无效合同的受害方,主张索赔的时候,记得将潜在的损失计算进去,争取获得更充分的损失补偿;如果你是无效合同的主要责任方,在签订合同的时候,要小心将来可能为此付出超过你预期的代价。

第四章

公司运作

43 金蝉脱壳,逃避债务

做生意,人们首先想到就是要开公司经营,而且要开个“有限公司”,为什么大家都喜欢开“有限公司”?

原因就在“有限”这个关键词上,这里不是讲能力有限,而是讲责任有限。例如,王某投资 100 万元开办一个有限责任公司,这家公司在经营多年后,所有资产和债权虽然值 200

万元,但是对外欠下的未清偿债务高达500万元,即使变卖公司收回200万元,仍然还不清那500万元的债务,那么,公司可能被宣告破产。

此时,王某之前投资的100万元肯定是付诸东流了,但那些追债的也只能到此为止。无论王某这家公司还欠多少债没有还清,也和王某个人的财产没有关系,即使王某家里有1000万元财产,债务人也不能向他个人追讨剩余的300万元,因为公司和个人的财产不能混为一谈,公司对外承担的是"有限责任",这就是"有限责任"的通俗含义。

这个"有限"的特性,原本是为鼓励更多人开办经济实体,为市场经济增添活力,但在实践中,却冒出一些怀着不良居心的商人利用这点趁机"钻空子",逃避债务。比如,一些老板会处心积虑地开两家公司,其实这两家公司是"一套人马、两块牌子",公司的业务混同经营,外人分不清楚这两家公司的区别,但在法律上这两家公司确实属于相互独立的公司主体。按照常理,这两家公司应该是各自经营、各负盈亏、各自承担法律责任。但是,这位老板在内部运作的时候,却专门安排其中一家公司来承担债务,资产和利润却放在另一家公司,当追债的来了,便将毫无资产的公司推出去,还不了债就称承担"有限责任",最多申请公司破产,不用再还债了。

如果这种方法大行其道,那么法律天平将严重失衡。对于欠债的公司,只需花费很少的成本便可以成立一个或数个"有限公司",如果操作得当,便可能实际逃避所有的公司债务;对于追债的公司,看着对方老板同时拥有几家公司,好似事业发达,信誉良好,谁料到对自己债务承担偿还责任的那家公司只是一个"空壳",什么资产也没有,自己将什么也追不回来。

在这种失衡状况下，法律将作出调整。法律认为，控制股东或实际控制人控制多个子公司或者关联公司，滥用控制权使多个子公司或者关联公司财产边界不清、财务混同，利益相互输送，丧失人格独立性，沦为控制股东逃避债务的工具，该多个公司法人表面上虽然彼此独立，但实质上构成人格混同。因此，损害债权人合法权益的，该多个公司法人应承担连带清偿责任。[①] 这种分不清公司之间财产和经营界限的情况，法律上称为“法人人格混同”。

我们来看看2020年陕西省宝鸡市中级人民法院一个关于判定由于公司混同经营导致承担连带责任的案例。[②]

刘某与白某是认识多年的好友，白某是金果公司的法定代表人。得知金果公司经营不善，陷入财务危机，刘某打算施以援手。刘某多

---

① 【法条链接】《全国法院民商事审判工作会议纪要》第11条：【过度支配与控制】公司控制股东对公司过度支配与控制，操纵公司的决策过程，使公司完全丧失独立性，沦为控制股东的工具或躯壳，严重损害公司债权人利益，应当否认公司人格，由滥用控制权的股东对公司债务承担连带责任。实践中常见的情形包括：(1)母子公司之间或者子公司之间进行利益输送的；(2)母子公司或者子公司之间进行交易，收益归一方，损失却由另一方承担的；(3)先从原公司抽走资金，然后再成立经营目的相同或者类似的公司，逃避原公司债务的；(4)先解散公司，再以原公司场所、设备、人员及相同或者相似的经营目的另设公司，逃避原公司债务的；(5)过度支配与控制的其他情形。

控制股东或实际控制人控制多个子公司或者关联公司，滥用控制权使多个子公司或者关联公司财产边界不清、财务混同，利益相互输送，丧失人格独立性，沦为控制股东逃避债务、非法经营，甚至违法犯罪工具的，可以综合案件事实，否认子公司或者关联公司法人人格，判令承担连带责任。

② 本案例以陕西省宝鸡市中级人民法院(2020)陕03民终1225号案件民事判决书为原型编辑整理而成，基本案情及判决理由均有不同程度的删节和修改。

次向金果公司提供借款,借款汇入白某个人账户。金果公司向刘某出具借据1份,载明借到刘某现金60万元,年利率20%。该借据有金果公司盖章及法定代表人白某的签名。但是,金果公司一直未向刘某偿还任何款项。

后来,刘某得知白某该笔借款一部分用于金果公司,另一部分用于同样受白某控制的金苗公司。于是,刘某将金果公司、金苗公司一并诉至法院,要求金果公司偿还60万元借款本金及利息,金苗公司对此承担连带责任。金苗公司辩称,其并非本案适格的被告。根据合同相对性原则,该协议主体系金果公司,并非金苗公司。另外,金果公司与金苗公司没有任何关系,在法律上是两个独立的民事主体。

法院调查发现:金果公司法定代表人白某认可案涉借款上述两公司各使用一部分。另外,以金果公司名义在兴平市某镇租赁的土地也由两公司共同使用。案涉借款发生时,白某既是金果公司的法定代表人,也是金苗公司的股东,所借款项、租赁的土地两公司均有使用,可以证明两公司是关联公司。

该案经过审理,法院认为:金果公司与金苗公司均为苗木培育企业;两公司经营场所原均位于眉县某街,直至2019年金苗公司经营场所迁至咸阳。金果公司、金苗公司之间存在交叉投资、经营、管理的关系,案涉借款也用于两家公司的经营。综上所述,金果公司与金苗公司在人员、业务、财务、场所方面存在混同,两家公司存在控制与从属关系及重大影响关系,符合关联公司的特征。本案中,被告金果公司对原告刘某债务已无力偿还,根据《全国法院民商事审判工作会议纪要》第11条第2款的规定,被告金苗公司作为关联公司应对原告借款承担连带清偿责任。

据此,结合本案其他事实,法院判定金果公司支付刘某借款 60 万元,并由金苗公司对金果公司的上述债务承担连带清偿责任。

【余律师支招】

如果你是那位想通过多开几家公司在承担债务时"金蝉脱壳"的老板,请留意,一旦这几家公司平时经营运作根本分不开,形成法人混同,将被一起牵扯进来承担连带责任,因此最好不要搞成"一套人马、两块牌子";如果你是追债的一方,当发现对方存在利用有限公司特性逃避债务的情况,可以尝试寻找对方关联公司混同经营的证据,争取让多家公司连带共同承担偿债责任。

44 成立一人公司,可能"惹火烧身"

现在开公司越来越方便了,以前不允许存在"一人有限责任公司",是担心有人随便申请开设公司,然后欠一屁股债,就申请公司破产,利用"有限公司,有限责任"的特性,彻底赖账,损害债权人的利益。

但是,为了适应经济快速发展,促进市场主体活跃,2005 年修订后的《公司法》允许设立"一人公司"。在这种放开的形势下,有人便心存侥幸,企图利用公司主体不负责地开展业务,赚了钱就算自己个人的,欠了债就是这个"一人公司"的,逐步将公司掏空或者将资产转移

到自己个人名下。等到公司资不抵债时,大不了就申请破产,对自己个人又没有影响。

如果这种“一人公司”充斥市场,恶意逃避债务的行为大行其道,法律天平将严重失衡。对于设立“一人公司”的个人,利用现行法律的便利,可以低成本地开设“一人公司”。由于股东只有自己一个人,便掌握了公司经营和财务的绝对控制权,非常容易建立公司利润向个人财产转移的利益输送“管道”,导致公司利益被抽空。对于市场的众多企业或个人,如果和这种已经被抽空的“一人公司”做生意,恐怕就像经过一片“地雷区”,双方交易不产生纠纷则已,一旦产生纠纷,特别是在“一人公司”负债的情况下,债权人的利益根本无法保障。

在这种失衡状况下,法律作出了调整。法律规定,如果要成立一人有限责任公司,该股东就必须证明公司财产和自己的财产是独立的,是可以明显区分开来的,如果证明不了,一旦公司有债务不能偿还,这位股东就要对公司的债务承担连带责任。① 股东滥用公司法人

---

① 【法条链接】《公司法》(2018修正)第六十三条:一人有限责任公司的股东不能证明公司财产独立于股东自己的财产的,应当对公司债务承担连带责任。

地位,逃避债务是行不通的。[①]

我们来看看2018年广东省深圳市中级人民法院一个关于判定一人公司股东为公司债务承担连带责任的案例。[②]

刘先生开办了一家网络公司,属于一人有限责任公司,股东只有刘先生一人。刘先生的网络公司欠了深圳某公司货款70多万元,一直没有偿还。后来,深圳某公司将网络公司和刘先生一起告上法庭,称虽然是网络公司欠的货款,但是刘先生是唯一股东,而且他们之间的财产并没有独立,因此要求法院判决刘先生也要对这70多万元的货款承担连带责任。在法庭上,刘先生没有出庭证明其个人财产与网络公司的财产是独立的。

该案经过审理,法院认为:《公司法》第63条规定:“一人有限责任公司的股东不能证明公司财产独立于股东自己的财产的,应当对公司债务承担连带责任。”本案中,刘先生作为网络公司的唯一股东,未证明网络公司财产独立于个人资产,故刘先生应对网络公司的债务承担连带责任。

据此,结合本案其他事实,法院判定深圳某公司可以向刘先生追

---

① 【法条链接】《公司法》(2018修正)第二十条:公司股东应当遵守法律、行政法规和公司章程,依法行使股东权利,不得滥用股东权利损害公司或者其他股东的利益;不得滥用公司法人独立地位和股东有限责任损害公司债权人的利益。公司股东滥用股东权利给公司或者其他股东造成损失的,应当依法承担赔偿责任。公司股东滥用公司法人独立地位和股东有限责任,逃避债务,严重损害公司债权人利益的,应当对公司债务承担连带责任。

② 本案例以广东省深圳市中级人民法院(2018)粤03民终2970号民事判决书为原型编辑整理而成,基本案情及判决理由均有不同程度的删节和修改。

索网络公司所欠其70多万元货款。

【余律师支招】

如果你开设了“一人有限责任公司”,务必留意将自己的个人财产与公司财产独立开来,特别是个人不要从公司运作中违规受惠,否则一旦公司存在不能偿还的债务,你就有可能“惹火烧身”,需要与公司一同偿还该笔债务;如果你遇到“一人有限责任公司”欠债,在追讨未果向法院起诉的情况下,尽量将股东个人一起列为被告,只要他无法证明个人财产与公司财产独立,则其个人财产将可能被牵扯进来一起向你还债。

45 大股东“坏招”的漏洞

在公司内部运营中,股东会决议如同“圣旨”,其对公司的人财物掌握着“生杀大权”,公司的章程修改、经营大计、董事人员和利润分配等都由股东会作出决定。

由于股东会决议这份“圣旨”意义重大,公司大股东和小股东经常在股东会上展开激烈的争论,以期维护自己的利益。

此时,一些大股东可能

就会使出些坏招来阻碍某些“刺头”小股东发表意见,以期股东会尽可能按照自己的意愿形成决议。比如,故意选择在出席困难的地点召开股东会、通知开会的准备时间仓促、口头通知代替书面通知。

如果股东会决议的形成过程被某些大股东把持和控制,法律天平将失去平衡。对于大股东,原本就拥有实际操控公司的便利,并且占有多数表决权,在股东会开会时还给小股东制造重重困难,为己方利益占尽了优势;对于小股东,在公司股东会上充分发表意见和行使表决权,是小股东参与公司经营管理最重要的一个环节,此时被大股东不断算计或阻碍,维护自身合法权益似乎成了一项不可能完成的任务。

在这种失衡状况下,法律作出了调整。法律规定,股东会或者股东大会、董事会的会议召集程序、表决方式违反法律、行政法规或者公司章程,或者决议内容违反公司章程的,股东可以自决议作出之日起60 日内,请求人民法院撤销。①

我们来看看 2020 年辽宁省大连市中级人民法院一个关于判决撤销股东会决议的案例。②

---

① 【法条链接】《公司法》(2018 修正)第二十二条:公司股东会或者股东大会、董事会的决议内容违反法律、行政法规的无效。股东会或者股东大会、董事会的会议召集程序、表决方式违反法律、行政法规或者公司章程,或者决议内容违反公司章程的,股东可以自决议作出之日起六十日内,请求人民法院撤销。股东依照前款规定提起诉讼的,人民法院可以应公司的请求,要求股东提供相应担保。公司根据股东会或者股东大会、董事会决议已办理变更登记的,人民法院宣告该决议无效或者撤销该决议后,公司应当向公司登记机关申请撤销变更登记。

② 本案例以辽宁省大连市中级人民法院(2020)辽 02 民终 5071 号案件民事判决书为原型编辑整理而成,基本案情及判决理由均有不同程度的删节和修改。

万鸿公司、港和公司是港荣公司的股东,其中万鸿公司占股比例为40%、港和公司占股比例为60%。孙某是港荣公司的董事长及法定代表人,刘某是港荣公司的监事。后来,万鸿公司、港和公司因经营理念不合发生争执,股东矛盾激增。港和公司提议港荣公司召开临时股东会决议,重新选举、任命公司董事。

港荣公司于2019年11月25日召开股东会,由监事刘某主持,且作出了变更公司董事会成员、董事长、法定代表人的股东会决议。股东会召开当天,万鸿公司虽然准时出席,但并不同意这个股东会决议的内容,于是起诉到法院,要求法院撤销港和公司上述股东会决议。

该案经过审理,法院认为:从决议可撤销制度的立法宗旨来看,该制度的设立宗旨在于规范公司治理,防止中小股东的权利被架空。即使多数决可以通过决议事项,但仍然需要通过否定以违法程序形成的决议的效力,以抑制股东无视决议程序侵害少数股东利益的现象,贯彻程序正义的原则。依照《公司法》及港荣公司章程的规定,股东会由董事会召集,董事长主持;董事长不能履行职务或者不履行职务的,由半数以上董事共同推举一名董事主持。董事会不履行召集股东会会议职责的,由监事召集和主持。现港荣公司及港和公司没有证据证明其曾向董事会提议要求召集股东会,而直接由监事刘某召集和主持股东会,不符合规定。

依照港荣公司章程的规定,股东会行使的职权包括选举和更换非由职工代表担任的董事。董事长由董事会选举产生。董事任期届满未及时改选,或者董事在任期内辞职,导致董事会成员低于法定人数的,在改选的董事就任前,原董事仍应按照法律、行政法规和章程规定，履行董事职务。公司设经理1人，由董事会聘用。本案中，2019年11月25日召开的股东会审议议题仅有1项，即推选3名自然人为新任董事。但港荣公司出具的股东会决议中却包含更换董事会成员，将原董事长及法定代表人孙某变更为王某，并聘用王某为公司经理等未经股东会审议的事项或应由董事会选举或聘用的事项。因此，案涉股东会决议内容违反公司章程。

综上所述，万鸿公司作为港荣公司的股东，于2020年1月2日就港荣公司于2019年11月25日形成的股东会决议申请撤销，有事实基础及法律依据，法院予以支持。

据此，结合本案其他事实，法院判定撤销港荣公司的上述股东会决议。

【余律师支招】

如果你是公司股东会召集方，请务必按照章程和《公司法》的规定，非常细致地做好每一项会议组织工作，稍有瑕疵，将可能导致已经形成的股东会决议被撤销，不但白费了辛苦，最重要的是可能造成严重的法律后果；如果你是小股东，并不同意股东会决议内容，但是由于势单力薄，无法阻拦其决议的形成，可以尝试寻找该次股东会在召集或者表决方面的法律瑕疵，争取事后通过法院判决撤销该股东会决议。

46 股东查阅公司会计账簿也不易

公司内部一般都有两位以上股东,股份也有大小之分。在公司运作中,多数情况下都由大股东实际控制公司的经营管理,小股东只是适当参与。虽然说合作必须建立在信任的基础上,但当大小股东的利益取向不一致时,各方为己谋利也是现实常态,双方的合作经营将会产生矛盾。此时,由于大股东把控了公司的实际事务,小股东想了解公司的具体经营运作,特别是想弄清楚具体的钱款来往将十分困难。

此时,为了维护法律天平的平衡,法律将适当作出调整。法律认为,股东有权利查阅、复制公司章程、股东会会议记录、董事会会议决议、监事会会议决议和财务会计报告,①甚至可以查阅公司会计账簿。

这个查阅权的厉害之处在于"查阅公司会计账簿",因为会计账簿一般来说是公司重要经营细节的体现,包括现金日记账、银行日记账、

① 【法条链接】《公司法》(2018修正)第三十三条第一款:股东有权查阅、复制公司章程、股东会会议记录、董事会会议决议、监事会会议决议和财务会计报告。

总分类账和明细分类账,如果这些也可以查阅,小股东基本就可以了解公司真实的钱款往来细节了。

如此一来,小股东的知情权似乎可以得到保障,但是又冒出了另外一个难题。如果小股东滥用上述权利,法律天平也会失衡。对于大股东,应小股东的查阅要求,需要准备详细的财务会计账簿报表,将占用一定的人力、物力和时间,如果小股东任意多次前来查阅,将影响公司的正常运作,特别是小股东拿这些材料用于不正当目的的话,风险将更加难以控制;对于小股东,频繁查询公司财务会计账簿报表,有时确实不是为了行使正常的知情权,倒可能是出于泄愤、投机、骚扰公司,又或者是使公司管理层陷入尴尬等。

在这种失衡状况下,法律再次作出了调整。在规定小股东具有查阅的权利后,法律旋即进行了补充规定,股东要求查阅公司会计账簿的,应当向公司提出书面请求,说明目的。公司有合理根据认为股东查阅会计账簿有不正当目的,可能损害公司合法利益的,可以拒绝提供查阅。①

终于,经过两轮调整,此时的法律天平看上去比较平衡了。但是,还有最后一个问题要解决,就是如何认定是否具有“正当目的”。如果说不清楚,那么小股东便可以任意查阅公司财务资料,又或者公司可以随意以非正当目的为由拒绝小股东查阅。

---

① 【法条链接】《公司法》(2018修正)第三十三条第二款:股东可以要求查阅公司会计账簿。股东要求查阅公司会计账簿的,应当向公司提出书面请求,说明目的。公司有合理根据认为股东查阅会计账簿有不正当目的,可能损害公司合法利益的,可以拒绝提供查阅,并应当自股东提出书面请求之日起十五日内书面答复股东并说明理由。公司拒绝提供查阅的,股东可以请求人民法院要求公司提供查阅。

不用担心,法律对此有明确意见。法律认为,关于是否属于正当目的,由法院来认定。法院会先要求小股东提供查阅账簿有正当目的的初步证据,然后再由公司提出充分证据证明小股东不存在正当目的。如果公司证明不了,那么就视为有正当目的了。

我们来看看2018年青海省海西蒙古族藏族自治州西部矿区人民法院一个关于判决公司向股东提供会计账簿查阅的案例。①

王先生、姚先生、林小姐均为鑫康公司的股东,此三位股东发现公司有损害股东权利的迹象,于是向鑫康公司提出查阅公司财务会计账簿、凭证的要求,但是鑫康公司没有同意。为此,三位股东与公司之间闹得非常不愉快,僵持不下,遂诉至法院。

该案经过审理,法院认为:股东知情权,是指法律赋予股东通过查阅公司的财务会计报告、会计账簿等有关公司经营、管理、决策的相关资料,实现了解公司的经营状况和监督公司高管人员活动的权利。根据《公司法》第33条的规定,股东可以要求查阅公司会计账簿。对于要求查阅财务账簿、凭证,三原告已向被告提交了书面申请,履行了《公司法》规定的股东提起要求查阅公司会计账簿诉讼的前置程序,被告未提供证据证明三原告查阅财务会计账簿、凭证有不正当目的,故三原告要求查阅财务账簿、凭证的诉讼请求符合法律规定,予以支持。

据此,结合本案其他事实,法院判决鑫康公司必须将相关财务会

---

① 本案例以青海省海西蒙古族藏族自治州西部矿区人民法院(2018)青2894民初18号案件民事判决书为原型编辑整理而成,基本案情及判决理由均有不同程度的删节和修改。

计账簿、凭证交王先生、姚先生、林小姐查阅。

【余律师支招】

如果你是一家公司的小股东，觉得大股东欺负你或者在某些交易中有“猫腻儿”，你可以要求查阅公司会计账簿，通过账务细节来了解情况，但是一定要先提出书面请求，并且说明目的；如果你是大股东，在主导公司运营的过程中，要充分考虑小股东的利益，股东不分大小，须一视同仁，同心同德，一起创造公司良好业绩，如果企图一手遮天，恐怕在法律上也说不过去。

47　让老实人不吃亏

某公司年终经营利润丰厚，在股东分红的时候，应当按照什么标准来分？大多数人认为：“当然是按股份大小比例来分红啦！”其实未必如此，这个似乎天经地义的道理，在法律上却并非必然。

例如，该公司的注册资本为 100 万元，大股东张某占股份 80%，小股东李某占股份 20%。按照比例，成立公司的时候，张某应该向公司注资 80 万元，李某应该向公司注资 20 万元。但是，由于公司刚成立,各人注资的积极性不一样,大股东张某在第一年仅注资了20万元,与认缴的80万元相去甚远,而小股东李某却非常积极,将认缴的20万元全部注资进了公司。此时,由于张某和李某均往公司实际投入了20万元,公司只有40万元的资本金,并没有达到注册资本100万元。

公司开展经营后,由于机缘巧合,第一年便风生水起,凭这40万元的资本金赚得了可分配利润200万元。那么,在年终分红的时候,这200万元的利润分配是大股东张某分得80%即160万元,小股东李某分得20%即40万元吗?

显然,照此标准,法律天平将严重失衡。对于小股东李某,公司成立之初,最缺的就是资金,自己积极履行了足额实缴资本的义务,说20万元就缴20万元,却只分得少许的利润;对于大股东张某,在实际缴纳资本金这个问题上,当时并没有积极去完成自己的义务,说80万元却只到位20万元,最后分配利润时居然可以分得小股东李某的4倍利润,实在有些不公平。

在这种失衡的状况下,法律作出了调整。法律认为,在有限责任公司中,股东之间如果没有相反约定,则应当按照实缴的出资比例分红,而非按认缴的出资比例分红。① 如上例,公司成立第一年张某和李某的实缴出资都是20万元,实际出资比例为各占一半,那么200万元

---

① 【法条链接】《公司法》(2018修正)第三十四条:股东按照实缴的出资比例分取红利;公司新增资本时,股东有权优先按照实缴的出资比例认缴出资。但是,全体股东约定不按照出资比例分取红利或者不按照出资比例优先认缴出资的除外。

的利润也要按照各占一半的比例分红,即张某和李某各得100万元。

法律作出这样认定的目的在于:一是体现按资分红的公平理念,确保“老实人不吃亏”;二是通过多缴出资多分红的利益传导机制,激励股东们争先恐后缴纳出资。这在客观上有利于预防瑕疵出资现象,巩固公司资本,维护公司的交易安全,提高公司的信用度。

【余律师支招】

在公司年终分红的时候,如果你是小股东,要查一查各股东实际出资比例,一旦你按比例足额实缴了出资额,而大股东反而欠缴出资额,甚至比你实际缴纳的出资额还少,那么你分得的利润可能比大股东还要多;如果你是大股东,公司分红时并不意味着你一定可以分得大份额,最终还是要“论功行赏”!

第五章

劳动关系

48　公司规章制度成了“纸老虎”

有人说,公司的规章制度就是公司的法律,每一位员工都要遵守,如有违反公司规章制度的行为,将被处以相应的惩罚。这个道理通常来讲是非常正确的,所以,员工遇到点事的时候,一看到公司摆出规章制度,便会下意识地低下头来,不敢作声。但是,大家有没有想过,如果这个公司规章制度本身有问题呢,难道自己也要按照这种规定接受处罚?

若是如此，法律天平将严重失衡。对于公司，随时出台一份公司管理制度是举手之劳，公司老板只需按自己的意思派人拟写个书稿，然后盖个公司的红章，不论其内容是否合理合法，这份像模像样的制度便出台了；对于员工，工作的时候难免会出现小差错，一旦被发现就会被公司人事部拿着规章制度吓唬，甚至会被处罚，或者有时员工要找公司办理正常手续，也会被公司以相应的规章制度设置层层障碍加以刁难，员工往往为此苦不堪言。

在这种失衡的状况下，法律进行了调整。法律认为，公司的规章制度常常涉及劳动报酬、休息休假、保险福利、劳动纪律等内容，由于直接涉及员工的切身利益，不得随意制定，一定要在与员工讨论或者经过其他民主程序后才能制定，并且要通知员工。否则，这份规章制度便没有法律效力，员工也不受其约束。①

我们来看看 2018 年广东省韶关市中级人民法院一个关于判定某公司管理制度无效的案例。②

曾某是某县奔腾公交客运有限公司的经营办主任，一天，公司告

① 【法条链接】《劳动合同法》第四条：用人单位应当依法建立和完善劳动规章制度，保障劳动者享有劳动权利、履行劳动义务。用人单位在制定、修改或者决定有关劳动报酬、工作时间、休息休假、劳动安全卫生、保险福利、职工培训、劳动纪律以及劳动定额管理等直接涉及劳动者切身利益的规章制度或者重大事项时，应当经职工代表大会或者全体职工讨论，提出方案和意见，与工会或者职工代表平等协商确定。在规章制度和重大事项决定实施过程中，工会或者职工认为不适当的，有权向用人单位提出，通过协商予以修改完善。用人单位应当将直接涉及劳动者切身利益的规章制度和重大事项决定公示，或者告知劳动者。

② 本案例以广东省韶关市中级人民法院(2018)粤 02 民终 207 号民事判决书为原型编辑整理而成，基本案情及判决理由均有不同程度的删节和修改。

知曾某,由于曾某不服从公司管理,私自指挥驾驶员驾驶不符合国家标准的车辆上路行驶,严重违反公司规章制度,被公司开除。曾某不服,便将公司告上法院,要求公司不得开除自己,继续履行劳动合同。

在法庭上,曾某否认了指挥驾驶员驾驶不符合国家标准的车辆上路行驶的行为,曾某称当天车辆安全例检中检测为合格,只是外观比较差。同时,曾某认为,该公司规章制度《经营办部门职责》《经营办主任职责》,没有经过与员工讨论等民主程序制定,员工并不知道有此项规定,不能作为处罚员工的依据。公司辩称,规章制度在签订《劳动合同》时有提示劳动者,在会议上也有提及,各员工应该知悉。

该案经审理,法院认为:公司未提供证据证明《经营办部门职责》《经营办主任职责》经民主程序制定,但即便认可上述规章制度,公司仍应采取警告、考核扣分等其他处罚方式,而不应给予曾某最严厉的处罚即解除合同。公司亦无证据证实曾某指挥驾驶员驾驶不符合国家标准的车辆上路行驶的事实,公司据此解除与曾某签订的劳动合同,明显依据不足。

据此,客运公司并不能开除曾某,曾某可以继续上班,继续领工资。

【余律师支招】

如果你是员工,当公司拿着规章制度来处罚你的时候,不要太惊慌,要查实该制度是否经过法定的程序制定并公示,如果没有,那就表明你可以不接受该处罚;如果你是公司一方,也不要想当然认为厚厚的一本规章制度可以吓倒员工,要想使制度发挥效力,必须严格按照法定程序制定,并经常开展员工培训等工作,否则,规章制度就是“纸老虎”。

49 说你行就行，说你不行就不行

一位公司老板觉得某位员工能力不行，非常想将其辞退。但是，这位员工既没有严重违反公司的规章制度，也没有惹出什么乱子给公司带来经济损失，只是工作不那么得力而已，在国家修改劳动法律制度，加大力度保护弱势劳动者的大背景下，这位老板要合法地辞退员工并不容易。也就是说，老板对员工不能绝对地“说你行就行，说你不行就不行”，不能完全以个人意志辞退员工。

当然，在员工确实无法胜任工作的情况下，公司也是可以以“不能胜任工作”为由合法辞退员工的，不过必须符合一定的标准和程序。法律规定，如果员工不能胜任工作，经过培训或者调整工作岗位，仍不能胜任

工作，公司只要提前30日通知劳动者本人或者额外支付劳动者1个

月工资后,便可以将其辞退。①

“不能胜任工作”这条理由听起来还是非常主观的,如果遭到滥用,法律天平也将失去平衡。对于公司,如果没有客观标准,那么公司手握管理权,想怎么说就怎么说,自由度太高;对于员工,工作表现总有稳定和不稳定的时候,如果被公司随意否定工作能力,进而被辞退,将不利于员工合法权益的保护。

在这种失衡的状况下,法律作出了调整。法律认为,要以劳动者“不能胜任工作”为由解除劳动合同,公司起码要提供以下证据:

一是作出解除决定所依据事实的证据,包括劳动者经考核不能完成约定工作任务或定额标准的依据,如用人单位对劳动者进行了日常考核,并提供了劳动者经考核不能完成约定工作任务或定额标准的考核表等依据。用人单位还需要进一步举证证明该劳动者经过培训或者调整工作岗位,仍不能胜任工作。

二是所依据的企业规章制度合法的证据,如果劳动合同中无相关约定,则由用人单位举证证明其依法定程序制定了合理的企业规章制度。

三是所作决定程序合法的证据,即用人单位应当举证证明其已提

---

① 【法条链接】《劳动合同法》第四十条:有下列情形之一的,用人单位提前三十日以书面形式通知劳动者本人或者额外支付劳动者一个月工资后,可以解除劳动合同:(一)劳动者患病或者非因工负伤,在规定的医疗期满后不能从事原工作,也不能从事由用人单位另行安排的工作的;(二)劳动者不能胜任工作,经过培训或者调整工作岗位,仍不能胜任工作的;(三)劳动合同订立时所依据的客观情况发生重大变化,致使劳动合同无法履行,经用人单位与劳动者协商,未能就变更劳动合同内容达成协议的。

前30日以书面形式通知劳动者本人或者额外支付了劳动者一个月工资。①

只有证明了这些事实,法院才会认为员工确实属于“不能胜任工作”,公司才可以将其辞退。

我们来看看2020年安徽省合肥市中级人民法院的一个关于某公司由于措施到位成功以“不能胜任工作”为由解除员工劳动合同的案例。②

李某应聘担任某公司的销售总监,每月基本工资2万元。李某和某公司确定本年度销售目标,且制订销售进度计划,作为李某每月业绩的考核要求。经过两个季度的考核,李某的业绩水平远未达标。于是,某公司将李某调整到其他销售岗位,但李某自调入新岗位后,不仅连续数月业绩不达标,而且在某公司给予两次改进机会和培训的情况下,仍然无法完成销售目标和自己所立的军令状。

见状,某公司再次对李某进行调岗。李某不服,拒绝去与其工资相匹配的华东大区客户经理岗位,且不愿意从事其他销售岗位的工作,也一直不听从某公司的工作安排。后来,某公司作出决定将李某辞退。

李某不服,将某公司告上法院,要求某公司支付工资差额和赔偿金。在法庭上,某公司认为李某不能胜任销售岗位的工作,而且调整

---

① 吴庆宝、俞宏雷主编:《民事裁判自由裁量规范》,人民法院出版社2012年版,第491页。

② 本案例以安徽省合肥市中级人民法院(2020)皖01民终7927号民事判决书为原型编辑整理而成,基本案情及判决理由均有不同程度的删节和修改。

岗位后又不从事新岗位工作,某公司可以依法与其解除劳动合同。

该案经过审理,法院认为:某公司基于经营管理制定考核指标,李某在连续几月考核排名靠后的情况下,自愿签署《绩效改进计划表》,承诺完成经营目标并接受公司规章制度管理。但后因业绩仍不达标,某公司遂向李某发送《工作调动征询事宜》电子邮件。某公司的调岗行为应属于用人单位用人自主权,且双方签订的《劳动合同》中也明确约定,甲方(公司)可根据业务发展的需要以及乙方(李某)的业务能力、工作表现及身体状况等,在合同期限内合理调整乙方的职位或工作地点,乙方接受甲方的工作安排和调动。故某公司因李某业绩未达标,将其调至薪资不变的其他岗位并未违反法律规定和合同约定。因双方就调岗事宜未协商一致,2020年1月20日,某公司向李某下达《解除劳动合同通知书》,要求解除双方劳动关系并给予李某解除劳动关系经济补偿金及额外支付1个月工资的行为并不违法,法院予以支持。

据此,由于某公司在辞退李某之前,已经按照客观标准和法定程序做足了工作,所以最终成功地将李某合法辞退。

【余律师支招】

如果你是员工,当公司认为你不能胜任工作的时候,要弄清楚是否有客观标准,不能随公司自由评说;如果你是公司,发现有员工确实不能胜任工作,即使要辞退他,也要严格按照法定程序进行,而不能随意辞退。

50 是否可以和老东家对着干

有些公司老板担心员工离开公司后，马上转投同行其他企业或者自己设立公司，利用原来的保密信息和原公司展开竞争，抢夺市场。于是，在签订劳动合同的时候，便会要求员工签订一份《竞业限制协议》，意思是“如果你离开了我们公司，在 2 年内就不可以干这行了，免得相互竞争”。

法律是支持这种做法的。法律规定，公司的高管、高级技术人员和其他负有保密义务的员工，如公司老总、副总、技术负责人如果从公司离职，公司可以在约定的基础上，要求他们在 2 年内不得到与原公司竞争的其他企业去任职，也不得自己开设与原公司竞争的公司。总而言之，不能和原公司竞争。①

① 【法条链接】《劳动合同法》第二十三条：用人单位与劳动者可以在劳动合同中约定保守用人单位的商业秘密和与知识产权相关的保密事项。对负有保密义务的劳动者，用人单位可以在劳动合同或者保密协议中与劳动者约定竞业限制条款，并约定在解除或者终止劳动合同后，在竞业限制期限内按月给予劳动者经济补偿。劳动者违反竞业限制约定的，应当按照约定向用人单位支付违约金。

这种做法虽然情有可原,但如果遭到滥用,将使法律天平失去平衡。对于员工,从公司跳槽出来,继续利用原有的行业知识寻找新的工作,维持自己和家庭的生活需要,是人之常情。如果被原公司直接"封杀",不但被剥夺了自由择业的权利,还将可能陷入生活困境。对于公司,仅凭老员工可能利用保密信息和自己对着干的担忧,便可以直接要求员工离职后不得从事本行业,显然过犹不及。

在这种失衡的状况下,法律作出了调整。法律认为,第一,公司不能对所有员工作出竞业限制的要求,只能对高级别的管理者或者负有保密义务的员工作出竞业限制的要求;第二,竞业限制的时间最长为2年,过了2年,员工就完全自由了;[①]第三,员工在被限制的时间里,原公司必须作出经济补偿,而且补偿金不得少于原有工资的30%,否则,这位员工便可摆脱限制,自由择业。[②]

我们来看看2019年江苏省常州市中级人民法院一个关于公司支

---

① 【法条链接】《劳动合同法》第二十四条:竞业限制的人员限于用人单位的高级管理人员、高级技术人员和其他负有保密义务的人员。竞业限制的范围、地域、期限由用人单位与劳动者约定,竞业限制的约定不得违反法律、法规的规定。在解除或者终止劳动合同后,前款规定的人员到与本单位生产或者经营同类产品、从事同类业务的有竞争关系的其他用人单位,或者自己开业生产或者经营同类产品、从事同类业务的竞业限制期限,不得超过二年。

② 【法条链接】《最高人民法院关于审理劳动争议案件适用法律问题的解释(一)》第三十六条:当事人在劳动合同或者保密协议中约定了竞业限制,但未约定解除或者终止劳动合同后给予劳动者经济补偿,劳动者履行了竞业限制义务,要求用人单位按照劳动者在劳动合同解除或者终止前十二个月平均工资的30%按月支付经济补偿的,人民法院应予支持。前款规定的月平均工资的30%低于劳动合同履行地最低工资标准的,按照劳动合同履行地最低工资标准支付。

付未支付补偿金导致原公司职工可以不受竞业禁止限制的案例。①

库柏建材公司为从事建筑材料、装饰材料、五金产品、电器产品、木制品及家具销售安装等的公司,戴某原系库柏建材公司员工,岗位为销售业务部门的经理。他和公司签有竞业限制协议,约定戴某如离职,2 年内不得在与库柏建材公司生产、经营同类的产品或与之提供同类服务的其他企业、事业单位、社会团体内担任任何职务,包括股东、合伙人、董事、监事、经理、职员、代理人、顾问等,也不得自己生产与库柏建材公司同类的产品或与之经营同类业务。后来,戴某离职了,公司并未向其支付任何经济补偿金。鉴于生活压力,戴某应聘到与原公司竞争的国内著名民营建筑公司担任业务总监。

原公司发现后,将戴某告上法院,要求戴某承担违约赔偿的法律责任。在法庭上,戴某认为原公司根本没有支付经济补偿金,即便双方之间签订了书面协议,自己也可以不受竞业限制协议的约束。

该案经过审理,法院认为:竞业限制协议以用人单位向劳动者支付经济补偿金为生效条件,否则竞业限制协议对劳动者不发生法律效力,支付竞业限制补偿金是竞业限制条款发生效力的要件之一。如果用人单位与劳动者约定竞业限制条款但未约定经济补偿金,或者虽约定经济补偿金但未按约定支付的,该竞业限制条款对劳动者不具有法律约束力。

据此,结合本案其他事实,法院判定戴某不需要履行竞业禁止义

① 本案例以江苏省常州市中级人民法院(2019)苏 04 民终 4579 号民事判决书为原型编辑整理而成,基本案情及判决理由均有不同程度的删节和修改。

务。由于公司未支付经济补偿金,戴某摆脱了竞业禁止条款的限制。

【余律师支招】

如果你是公司高管,在离职后确实要考虑尽量不到与原公司存在竞争的单位执业,但是在原公司没有给予足够经济补偿的情况下,可以不受此约束;如果你是公司一方,即使和员工签订了竞业限制的协议,在限制时间过长、经济补偿过低、限制人员过于宽泛的情况下,该竞业限制协议并不能如愿发挥作用。

51 "末位淘汰"可能不合法

目前,非常多的企业在搞"末位淘汰"制,员工一听到这四个字就头皮发麻,紧张兮兮,生怕自己因排在末位而被公司直接辞退,丢了工作。

"末位淘汰"制确实可以在一定程度上提高员工的工作积极性和劳动效率,但是公司如果将处在排名末位的员工直接辞退,将使法律天平失去平衡。对于员工,自己的劳动权利应该受到法律

的保障，不能因为某一次的工作评比排名便轻易被公司剥夺；对于公司，每搞一次“末位淘汰”，便可轻松辞退一名员工，这是对员工劳动权利的极大蔑视，同时也违反了《劳动合同法》。

《劳动合同法》规定，公司只有在员工存在过失，给公司带来严重损失，或在经济型裁员等特殊情况下才可以单方面辞退员工，否则，即使员工不能胜任工作，也要视实际情况经过调整岗位后才能予以辞退，公司仅凭“末位淘汰”便将员工辞退，毫无道理。

天平既然失衡，法律就要作出调整。司法实践认为，订立、变更、解除劳动合同是双方法律行为，用人单位不可以在没有法定或约定的前提下单方随意决定。用人单位在劳动合同期限内通过“末位淘汰”或“竞争上岗”等形式单方解除劳动合同，劳动者以用人单位违法解除劳动合同为由，请求用人单位继续履行劳动合同或者支付赔偿金的，应予支持；但劳动合同另有约定的除外。[①]

不过，这里也要区分另外一种“末位淘汰”。在机关事业单位中，干部职务的任命、降低、撤销均是由单位单方就可以作出的法律行为，因此可以在管理过程中适用“末位淘汰”制来决定干部职务的降低、撤销。

我们来看看2018年江苏省苏州市中级人民法院一个关于判决“末位淘汰”解聘员工非法的案例。[②]

---

① 刘德权主编：《最高人民法院司法观点集成⑧》，人民法院出版社2011年版，第869页。

② 本案例以江苏省苏州市中级人民法院（2018）苏05民终2079号民事判决书为原型编辑整理而成，基本案情及判决理由均有不同程度的删节和修改。

李先生是某超市的一名店长，在2016年某季度公司按销售和毛利完成情况对店长进行考核时排名末位。后来，超市以李先生不能胜任本职工作为由将其解聘。双方就此产生争议，经劳动仲裁后诉至法院。

该案经过审理，法院认为：超市于2016年3月1日召开下属门店店长会议，在会议上提出对店长进行考核和实施“末位淘汰”制。但超市未就会议内容提供相应证据，在对考核对象的考核指标未经民主程序制定，未经考核对象确认，考核期限亦未预先告知的情况下，对会议之前的销售一并进行考核明显不合理。超市解除与李先生的劳动合同所依据的事实并不客观、理由也不充分，属违法解除。

据此，结合本案其他事实，法院判定某超市向李先生支付赔偿金315,000元。

【余律师支招】

如果你是员工，即将参加公司制定的“末位淘汰”评比活动，那么在努力争取好成绩的同时，也要清醒地认识到公司其实不能仅凭一次评比便将你辞退；如果你是公司一方，要善于利用“末位淘汰”制提高公司的运营效率，但是不要借此机会将员工直接辞退，法律并不允许这种做法。

52　加付赔偿金的追与避

公司不能拖欠员工工资和加班费等，应当按时足额支付，如有拖欠，便要赔偿，这是常理。但是在实践中，有些公司明明知道自己拖欠员工工资或加班费的行为违法，但还是以各种借口一拖再拖，不向员工及时支付，员工十分无奈。

此时，法律天平失去了平衡。对于公司，拖一拖对自己没有什么大影响。但是对于员工，与公司闹得不愉快，肯定想早些离开公司，并尽快处理好补偿事宜；为了养家糊口，也许同时还要兼职或重新找工作，所以员工是拖不起的。

在这种失衡状况下，法律作出了调整，规定公司拖欠员工工资要加倍支付补偿金。法律认为，像这种公司不依法支付员工工资、加班费、经济补偿金的，劳动行政部门可以责令其限期支付，如果经责令依然超期不支付，那就可以责令公司加付50%～100%的赔偿金。简单地讲,就是在这种情况下,员工可以再索要多1倍的赔偿金。①

可是,虽然法律作出了如此规定,但在实践中,对于这个加付赔偿金,有些员工可以追得到,有些则追不到。为什么呢?

原来,仔细分析上述法律规定,其中还包含另外一层意思,即追索加倍赔偿金需要一个前提,即员工必须先向劳动行政部门投诉,劳动行政部门在责令用人单位限期支付后,用人单位仍未支付,此种情况下才存在加付赔偿金,如果未经过这一前提程序,员工直接主张加付赔偿金,人民法院是不予支持的。

我们来看看2020年四川省南充市中级人民法院一个关于判决公司需要支付加倍赔偿金的案例。②

何小姐向其公司追索10,627元工资,并向南充市人力资源和社会保障局投诉,该局作出《劳动保障监察行政处理决定书》,责令其公司在2019年8月27日前向何小姐支付工资,但其公司仅支付了部分工资,剩余部分就是不支付。后来何小姐将其公司告上法院,

---

① 【法条链接】《劳动合同法》第八十五条:用人单位有下列情形之一的,由劳动行政部门责令限期支付劳动报酬、加班费或者经济补偿;劳动报酬低于当地最低工资标准的,应当支付其差额部分;逾期不支付的,责令用人单位按应付金额百分之五十以上百分之一百以下的标准向劳动者加付赔偿金:(一)未按照劳动合同的约定或者国家规定及时足额支付劳动者劳动报酬的;(二)低于当地最低工资标准支付劳动者工资的;(三)安排加班不支付加班费的;(四)解除或者终止劳动合同,未依照本法规定向劳动者支付经济补偿的。

② 本案例以四川省南充市中级人民法院(2020)川13民终805号民事判决书为原型编辑整理而成,基本案情及判决理由均有不同程度的删节和修改。

要求其公司继续支付工资 9000 元，并再支付加倍赔偿金 4500 元，一共 13,500 元。

该案经过审理，法院认为：其公司拖欠何小姐 2019 年 5 月、6 月、7 月的工资，经劳动行政主管部门责令公司限期补发后，公司仍未在该期限内补发 2019 年 6 月、7 月的工资，仅在该期限内向何小姐补发了 2019 年 5 月的工资。原告何小姐就被告公司拖欠其劳动报酬的违法行为已向劳动行政部门投诉，劳动行政部门在责令被告限期支付后，被告逾期仍未向原告支付，故原告要求被告支付其劳动报酬及加倍赔偿金的诉讼请求合法有理。

据此，何小姐获得了加倍赔偿金。

相反地，我们再来看看 2018 年四川省成都市中级人民法院一个关于判定公司不需要支付加倍赔偿金的案例。[①]

贾先生也向法院提出要求其公司支付工资和加倍赔偿金，但是由于贾先生事先没有向劳动行政部门投诉，最终法院认为：贾先生未提供证据证明其公司存在劳动行政部门责令其限期向贾先生支付经济补偿金而其逾期仍未支付的情形。因此，贾先生请求支付加倍赔偿金的法定条件并不具备。

据此，贾先生便没有得到加倍赔偿金。

---

① 本案例以四川省成都市中级人民法院(2018)川 01 民终 284 号民事判决书为原型编辑整理而成，基本案情及判决理由均有不同程度的删节和修改。

【余律师支招】

在公司一直拖欠员工工资、加班费等情况下,如果你是员工,想要得到加倍赔偿金,一定要先向劳动行政部门投诉,否则法院不会支持你;如果你是公司一方,当发现员工在法院起诉要求支付上述逾期造成的加倍赔偿金时,要查一下有没有经过劳动行政部门的处理,如果没有处理过,关于加倍赔偿的这一部分,倒也不用过于担心了。

三

生活篇

第一章

人格权

53 公司单位对性骚扰的预防和干涉义务

家庭以外,男男女女最有可能长时间相处的一个地方就是工作单位,也称为职场。职场中各人品德素质参差不齐,性骚扰行为时有发生,这种涉及性方面的敏感话题,社会上从来没有停止过。

多数情况下,性骚扰是男性骚扰女性,当然,也存在女性骚扰男性的情况,但从社会上反映的现象来看,是前者居多。《妇女权益保障法》明确地对性骚扰作出了规定,该法第 40 条规定:“禁止对妇女实施性骚扰。受害妇女有权向单位和有关机关投诉。”显然,原来的法律规定只明确保护女性,虽然符合社会上性骚扰女性多数处于被动地位的现实,但忽略了男性也会被性骚扰,也需要保护的现象。因此,《民法典》第1010条[①]规定,对他人实施性骚扰的,受害人有权依法请求行为人承担民事责任。“他人”便包含了女性和男性。

其实,无论是男性骚扰女性,还是女性骚扰男性,只要违法了,实施性骚扰行为的人就要承担责任,因为这是发生在他们之间的事情,与其他人没有关系,与其他同事没有关系,与领导没有关系,与公司更加没有关系。

因此,通常认为,性骚扰这种涉及个人道德的行为,公司管不了,也没法管。若果真如此,法律的天平便会失衡。对于性骚扰的受害人来说,公司是日常必到的工作场所,而员工道德素质参差不齐,性骚扰行为难免发生,上级利用优势地位骚扰下级的情形,亦特别常见。如果公司对此听之任之,无异于送羊入虎口。对公司来说,应当对员工承担基本安全保障义务。虽然性骚扰行具有隐蔽性和不易察觉性,公司无法及时发现和阻止。但作为雇主,公司仍处于控制性骚扰的最佳地位,应当负有预防和干涉的义务。

既然法律的天平失衡,便需要进行调整。《民法典》认为,对于在

---

① 【法条链接】《民法典》第一千零一十条:违背他人意愿,以言语、文字、图像、肢体行为等方式对他人实施性骚扰的,受害人有权依法请求行为人承担民事责任。机关、企业、学校等单位应当采取合理的预防、受理投诉、调查处置等措施,防止和制止利用职权、从属关系等实施性骚扰。

机关、企业、学校等单位发生的性骚扰，这些单位不能完全脱责，如果没有做好预防措施，甚至员工投诉了也没有及时处理，那么这些单位就要承担一定的责任。对于性骚扰，单位不能总是抱着“事不关己，高高挂起”的态度。因此，自《民法典》施行之日起，在性骚扰的案件中，被告可能不仅仅是实施性骚扰的行为人，其所在的机关、企业、学校等单位也有可能成为被告。

《民法典》施行之前，北京市第二中级人民法院曾公开一个关于公司不是性骚扰案件的适格被告的案例。[①] 我们来看看其判决理由及结果，并分析《民法典》施行前后此类纠纷案件裁判规则的变化趋势。[②]

张小姐因被性骚扰，将其所在的天某公司诉至法院。张小姐诉称，其上级李总，利用职务之便和上下级关系，在其试用期内，多次对其进行抚摸等性骚扰。事发后，张小姐求助无门，在网络上披露此事，希望天某公司采取相应的处理措施。但公司对该行为置之不理。天某公司作为用人单位和雇主，应当采取措施制止工作场所的性骚扰行为，有义务营造一个没有性骚扰的工作环境。天某公司一直以来的不作为既是怠于履行法律义务，也给张小姐造成了一定的精神伤害，应当承担相应的法律责任。

该案经过审理，法院认为天某公司作为一个企业，在性骚扰损害责任纠纷中，并不是适格的被告，也即认定张小姐在性骚扰案件中，将

① 本案例以北京市第二中级人民法院(2020)京02民终6633号民事判决书为原型编辑整理而成，基本案情及判决理由均有不同程度的删节和修改。

② 《民法典》于2021年1月1日起施行，本书修订时尚无直接适用《民法典》第一千零一十条的案例公开，暂以相关旧案解释新规，阐明要义。

所在公司告上法院,法院不予受理。据此,结合本案的其他事实,法院驳回了张小姐的起诉。

上述案件裁判之时,法律尚无关于公司在员工遭遇性骚扰的情形下,应负有何种义务的明确规定。因此,即使法院发现了公司确有不足之处,也很难将公司列为被告进行裁判。但如今,《民法典》已经施行,明确了公司在工作场所性骚扰中应承担的义务,再有此类案件发生,法院就不能以公司不是适格的被告为由,将案件拒之门外。随之,公司承担责任的风险也徒然增加。

【余律师支招】

作为个人,你要知道,随着《民法典》的施行,关于性骚扰的法律规定有了三个新亮点:一是对性骚扰有了明确的定义,可以更好地保护自己;二是性骚扰保护的范围不只是包括女性,男性如被性骚扰,也可受到平等保护;三是如在公司等工作场所被性骚扰,除了可以向行为人追责,还可以将公司告上法庭,要求公司承担相应的责任。如果你是公司、学校等单位的管理者,不要对单位内发生的性骚扰行为不予理睬,要切实做好预防、处理等工作,否则,虽然公司不可能实施性骚扰行为,却可能因为员工的性骚扰行为而承担责任。

54 肖像侵权认定不再以营利为标准

自己的照片,突然展示在未经本人同意的地方,任何人都会对此感到惊愕。惊愕之余,便马上会觉得权利被侵犯了。谁也不想自己的照片被别人擅自张贴、展示、上网等,因为这样将给自己带来莫大的风险,隐私可能被泄露,声誉可能受损害。因此,未经肖像权人同意,擅自利用他人照片进行展示、评论等公开使用,显而易见,应当属于侵权行为。

上述结论,似乎非常有理。但在原来的法律规定中,并非如此。原来的法律认为,个人照片虽然属于私有,但是某些行业出于社会公益或者行业功能的目的,时常需要使用他人的照片,如公众人物的新闻报道、科学问题的研究学习,如果事事都需要征求肖像权人的同意,

并不现实,也无必要,且会影响社会信息的有效流转,降低社会运转效率。因此,原来的法律规定,侵害肖像权的认定的标准,一是使用肖像未经肖像权人同意,二是以营利为目的进行使用,必须两个条件同时具备。也就是说,只要不是以营利为目的使用他人的照片,就不会构成侵权了。

如此一来,法律天平便会失衡。对肖像权利人而言,他人擅自使

用自己的肖像,是否为了赚钱,与权利人并无关系。权利人受到侵权的影响,主要并不是经济利益受损,更多的是声誉和精神损害。如他人仅仅主张不以营利为目的,便可以随意使用他人肖像,显然不公平;对擅自使用人而言,未经同意使用他人肖像,许多情况下并不是为了赚钱,而是为了泄愤、取笑、丑化他人,以满足自己不健康的心理需求,给权利人带来心理伤害,这种行为,当然应当受到法律的惩罚。

法律的天平既然失衡,就要被调整,《民法典》作出了新的规定,对肖像侵权的认定不再以是否营利为标准了。法律认为,[①]不论是否为了营利,只要未经权利人同意,就不得制作、使用、公开他人的肖像,特别是不得以丑化、污损等方式进行。当然,对于那些新闻报道、科学研究的确需要使用他人肖像的行为,法律也作了明确的规定,[②]以合理合法地保护肖像权人的利益。

我们来看看2020年贵州省贵阳市白云区人民法院一个关于不以

---

① 【法条链接】《民法典》第一千零一十九条:任何组织或者个人不得以丑化、污损,或者利用信息技术手段伪造等方式侵害他人的肖像权。未经肖像权人同意,不得制作、使用、公开肖像权人的肖像,但是法律另有规定的除外。未经肖像权人同意,肖像作品权利人不得以发表、复制、发行、出租、展览等方式使用或者公开肖像权人的肖像。

② 【法条链接】《民法典》第一千零二十条:合理实施下列行为的,可以不经肖像权人同意:(一)为个人学习、艺术欣赏、课堂教学或者科学研究,在必要范围内使用肖像权人已经公开的肖像;(二)为实施新闻报道,不可避免地制作、使用、公开肖像权人的肖像;(三)为依法履行职责,国家机关在必要范围内制作、使用、公开肖像权人的肖像;(四)为展示特定公共环境,不可避免地制作、使用、公开肖像权人的肖像;(五)为维护公共利益或者肖像权人合法权益,制作、使用、公开肖像权人的肖像的其他行为。

营利为目的仍然被认定肖像侵权行为的案例。[①]

张先生与李先生在开车时发生剐蹭事故，经交警认定，双方在开斗气车，负有同等的责任。本来事情就此结束，但是李先生回去后，越想越气，便将行车记录仪中留存的张先生的视频发布至抖音平台上，进行传播。张先生被朋友告知得知此事，并报警。李先生收到警察的电话后，才删除了原视频；但是，删除原视频后又重新在抖音发布了张先生人像经过处理的视频短片，并附言“因为对方说我侵犯肖像权，然后我就不让你们看了，刮到我的耳朵你起码要讲一句对不起吧”。李先生的上述视频短片发出后，导致大量网民在视频下面恶意评论并无故咒骂张先生。

后张先生将李先生诉至法院，认为李先生发布上述视频的行为属于肖像权侵权行为，并称因其系教师，该视频影响了学生、家长对其看法，名誉受损，且其考公务员也会受影响，故要求被告在抖音赔礼道歉。

该案经过审理，法院认为，被告在抖音上发布的视频虽未以营利为目的，但被告该行为一定程度上丑化了原告的肖像，且在原告及警察打电话要求被告删除抖音中涉案视频后，被告又将原告人像经过打码后的视频短片在抖音发布，且附加带有导向性的言论，并放置于知晓率较高的网络平台上，点击率较高，被告虽然已将涉案视频及相关评论在抖音软件中删除，但涉案视频在公众平台抖音上的发布，对原告的名誉客观上造成了一定的损害，被告的行为是错误的。

---

① 本案例以贵州省贵阳市白云区人民法院（2020）黔0113民初4132号民事判决书为原型编辑整理而成，基本案情及判决理由均有不同程度的删节和修改。

上述案件裁判时,《民法典》尚未施行,该法院将李先生未以营利为目的公开他人肖像的行为也认定为肖像侵权,符合《民法典》第1019条的精神,值得肯定。如今,《民法典》已经施行,再有此类案件发生,法院便可以直接引用《民法典》第1019条进行判决了。

【余律师支招】

网络时代,个人肖像权的保护尤为重要。如果你的肖像未经同意被他人擅自使用、公开,一定要注意及时保留证据,并告知网络平台、展示单位等相关方,积极维护自己的权利,随着《民法典》的施行,他人再难以非营利为目的来进行抗辩;如果你将擅自使用他人肖像,务必清醒地认识到这极有可能将被认定为侵权行为,并需承担责任,除非你是以《民法典》规定的新闻报道、科学研究等方式在使用。在使用他人肖像的时候,一定要记住,不能恶意丑化、污损他人肖像,贬低他人名誉。

55 电话扰民也属侵犯隐私

隐私被侵犯,多数人会想到日记被偷看、密友交往被公开、居住活动被偷窥、身体私密部位被偷拍等,这些都属于个人特别私密的内容。

因此,许多人认为,个人隐私必然属于隐秘和私密的内容,甚至还对其实施了保密措施,特别不愿为他人知道,如果有人刺探、窥视、公开这些信息，则属于侵犯隐私行为。但如果有些个人信息已经被权利人公开，那么他人利用这些信息，就不能被认定为侵犯隐私权了。

上述结论似乎有理，但社会上存在的频打电话、群发信息等大量广告扰民的行为，属不属于侵犯隐私权的行为呢？在《民法典》实施之前，法律对此很难界定，如果发生这种扰民行为，一般只能从电话号码是否非法购买、收集的方式取得这个角度进行界定，而不是从不停打电话、发短信的这个行为角度去界定。但是，许多人的电话号码也有可能是自己曾经主动放到网上去的，在这种情况下，电话号码被他人获取后，不停地打电话做广告推广的行为，就无法界定为侵害隐私权了吗？

在原有的法律体系中，对此并无明确的规定。随着《民法典》的实施，法律对此作出了明确的规定。《民法典》认为，[①]隐私不仅仅是不愿被人知道的活动、住所和秘密等个人信息，还包括个人的私人生活安宁。以窥探、侵扰等非法方式破坏了私人生活的安定和平静，特别是以电话、短信、即时通讯工具、电子邮件、传单等方式侵扰他人的生

① 【法条链接】《民法典》第一千零三十二条：自然人享有隐私权。任何组织或者个人不得以刺探、侵扰、泄露、公开等方式侵害他人的隐私权。隐私是自然人的私人生活安宁和不愿为他人知晓的私密空间、私密活动、私密信息。

活安宁,[①]也属于侵害隐私权的行为。

我们来看看 2019 年山东省济南市天桥区人民法院一个关于电话扰民侵权的案例。[②]

张先生曾经在网上平台做过自我推广,自己的电话信息公开留存在互联网。开某公司系一家从事互联网推广服务等业务的公司,其通过网络搜索到张先生的姓名和电话后,1 个月内用不同的座机多次向张先生拨打电话进行业务推广。张先生不厌其烦,告知开某公司不需要其推广营销服务,同时也告知其不要继续拨打电话,但开某公司未及时停止其向张先生的电话推广行为。

张先生遂将开某公司诉至法院,认为开某公司拒不停止电话推销多次持续骚扰的行为,已严重影响其正常工作和生活,侵犯其隐私权,要求开某公司就侵权行为赔礼道歉。

开某公司答辩称,该公司通过合法途径获取张先生的个人信息,并没有以违反社会公共利益、社会公德的方式公开其个人信息。且张先生所称的隐私权内容系其个人主动公开的,不具备“隐私”的属性。该公司利用合法取得的信息开展推广业务,并无过错,不属于侵权行

---

① 【法条链接】《民法典》第一千零三十三条:除法律另有规定或者权利人明确同意外,任何组织或者个人不得实施下列行为:(一)以电话、短信、即时通讯工具、电子邮件、传单等方式侵扰他人的私人生活安宁;(二)进入、拍摄、窥视他人的住宅、宾馆房间等私密空间;(三)拍摄、窥视、窃听、公开他人的私密活动;(四)拍摄、窥视他人身体的私密部位;(五)处理他人的私密信息;(六)以其他方式侵害他人的隐私权。

② 本案例以山东省济南市天桥区人民法院(2019)鲁 0105 民初 5398 号民事判决书为原型编辑整理而成,基本案情及判决理由均有不同程度的删节和修改。

为,不应当承担法律责任。

本案经过审理,法院认为,被告开某公司通过原告张先生在相关网站公开的个人信息获取原告电话后,多次通过拨打电话的方式对张先生进行业务推广活动,在张先生明确表示拒绝后,开某公司仍未停止其推广行为,该行为虽不构成对原告隐私权的侵犯,但在一定程度上侵犯了原告的生活安宁等相关权益,应依法承担侵权责任。

据此,结合本案其他事实,法院判决开某公司的行为构成侵权,需要向张先生承担赔礼道歉的法律责任。

上述该案判决时,《民法典》尚未施行,法院对广告电话扰民的行为,并无明确的法律依据可以认定其构成侵犯“隐私权”,只能笼统地将其认定为“侵权行为”。但如今,《民法典》已经施行,再有此类案例发生,法院便可以直接适用《民法典》第 1033 条判决行为人承担相应的法律责任。

【余律师支招】

民法典时代,个人隐私权的保护范围得到了进一步的扩大和明确,作为个人,在日常生活中要积极维护自身的权益,要清楚地认识到隐私除了私密信息,还包括自身生活的安宁、私生活不应该被侵犯和骚扰,如被侵扰,可及时维权;作为广告推销者,在使用他人电话等私人信息时,不能仅凭信息来源合法便肆意使用,他人的生活安宁也属于隐私的一部分内容,刺破他人生活安宁,已涉嫌侵权,不顾他人拒绝,一意孤行,持续骚扰,更是要承担法律责任。

56 精神损害索赔,可以“二合一”了

既然讲人权,就不能只讲金钱。在合同交易中,如果有人违约,对另一方造成了精神损害,除了赔付违约金之外,也应当对造成的精神损害进行赔偿。

多数人是这么认为的,但事实并非如此,问题出在“合同交易”这四个字上。精神损害需要得到赔偿毋庸置疑,但原有的法律,只规定了通过追究侵权责任来附带索赔,没有规定可以通过追究合同违约责任来索赔。

这是因为合同交易中,往往约定了违约金,如果有人违约,只赔违约金就好了,既然合同约定了赔偿范围,就不能随意扩大。同时,合同交易是人们日常生活中最频繁发生的经济往来方式,多如牛毛,数不胜数。人们的衣食住行、工作生活,全靠与他人的一个又一个的合同去维系,在发生合同交易的时候,人们也没有办法充分预计到对方的精神感受,并为此承担精神损害赔偿责任。例如,出租车司机没有按约前来接送客人,只需赔付违约金即可,如果还要对客人焦急等待车辆时产生的抑郁或者狂躁的精神类损害承担责任,那么对出租车司机就过于严苛了,也会限制社会各种交易活动的正

常开展。

所以,原有法律一直认为,合同交易中,如产生了精神损害,属于侵权行为造成,不能在合同违约责任中一并追偿,在追责体系中,不能将侵权责任和违约责任"二合一"。在立法技术上,这种教条式的规定,似乎条理分明,严丝合缝。但是,社会上的经济合同种类繁多,性质各异。此类"一刀切"的规定,在一些领域也导致了法律天平的失衡。例如,在美容、医疗、旅游等服务领域,美容者、病人、游客在接受服务的过程中,如果对方违约,遇到美容失败、手术过错、导游威胁的情形,几乎都会产生不愉悦、抑郁甚至痛苦的情绪。此时,受害人在追责的时候,如果只能"二选一",意味着如果选择违约的美容院、医院、旅游公司赔偿违约金,就无法同时要求精神损害赔偿了;如果选择让这些主体赔偿因过错造成的损害,又无法同时要求他们按照合同约定的违约金予以赔偿,而违约金的金额往往较高,如果不能同时索赔,是常人难以理解的。

既然法律的天平已经失衡,那么就需要调整。《民法典》对此作了新的规定,①如果受害人的人格权受到侵害并造成严重的精神损害,受害人在追究违约方责任的时候,不再受"二选一"的限制,而是可以"二合一",即可以在向其追偿合同违约金的同时,要求精神损害赔偿了。

《民法典》施行之前,最高人民法院曾公布一个在医疗纠纷案件中医院承担的违约责任中不包括精神损害赔偿的案例,②我们来看看其

---

① 【法条链接】《民法典》第九百九十六条:因当事人一方的违约行为,损害对方人格权并造成严重精神损害,受损害方选择请求其承担违约责任的,不影响受损害方请求精神损害赔偿。

② 《最高人民法院公报》2004 年第 8 期。

判决理由及结果,并分析《民法典》施行前后此类纠纷案件裁判规则的变化。①

张先生和妻子李女士因生育障碍,到医院做试管婴儿。医院可提供的人工辅助生育技术有很多种,其中包括了ICSI技术和IVF技术。张先生和李女士选择了ICSI技术。但是,在手术过程中,医生观察了张先生的精子后,认为适宜按照IVF技术进行治疗,遂按照IVF技术操作。最终,治疗未能成功。

张先生和李女士将医院诉至法院,认为医院擅自改变治疗技术方案,实际采用了IVF技术并导致治疗失效,属于在履行医疗服务合同中的违约行为,请求法院判令医院赔偿医药费3万元,误工费2000元,并要求医院支付精神损害赔偿1万元和公开赔礼道歉。

该案经过审理,法院认为,张先生、李女士及医院之间构成医疗服务合同的法律关系,在合同履行过程中,各方已经约定采取ICSI技术,如果医务人员在治疗过程中认为更适合采取IVF技术,在条件允许的情况下,应当向张先生、李女士予以说明,并征求双方意见。但医院不能证明就该改动方案取得了张先生、李女上的同意,故认为医院违约,需要承担责任。

但是,关于张先生和李女士要求医院给予精神损害赔偿的诉讼请求,因本案为合同违约之诉,依据法律规定,合同当事人未适当履行合同义务的,应当承担赔偿损失等违约责任。损失赔偿的数额应当与因违约

---

① 《民法典》于2021年1月1日起施行,本书修订时尚无直接适用《民法典》第九百九十六条的案例公开,暂以相关旧案解释新规,阐明要义。

所造成的损失相当，包括合同履行后可以获得的利益，但不得超过违反合同一方订立时预见到或者可以预见到的因违反合同可能造成的损失，亦不包括精神损害赔偿，故对张先生和李女士要求医院承担精神损害赔偿的请求不予支持，亦不支持其要求医院公开赔礼道歉的请求。

据此，结合本案其他事实，法院最终判决医院赔偿张先生和李女士3万元，驳回了张先生、李女士要求医院进行精神损害赔偿的诉讼请求。

《民法典》施行之前，法律并不支持在合同违约诉讼中包括精神损害赔偿，因此法院面对此类案件，明知该合同违约行为将导致一定的精神损害，也没有判决被告承担赔偿责任。但如今，《民法典》已经施行，再有此类案件，法院便可以直接适用《民法典》第996条，原告虽然选择合同违约之诉，但也可以同时要求精神损害赔偿。

【余律师支招】

如果你是医疗、美容、旅游、婚礼等行业的经营者，或者是遗体、骨灰等人格物保管经营者，在履行合同、提供服务的过程中，不能以为出了事只需承担违约责任即可，而不理会相对方的精神感受，毕竟此类合同的履行寄托了相对方的特殊感情和精神利益。如果你是上述服务合同的相对方，经营者违约后确实给你造成了严重的精神伤害，你可以在合同违约之诉中直接提出精神损害赔偿，不必再像以往必须“二选一”，但是，此类方便也不是适用于所有领域，一般来说，只在上述提及的涉及人身权利或以精神利益满足为主要目的的合同纠纷中，才能进行“二合一”的适用。

第二章

婚姻家庭

57　婚外情+私生子≠重婚

杨女士发现丈夫有婚外情，而且还有私生子，非常气愤。于是，向法院起诉离婚并要求得到赔偿，甚至准备起诉丈夫“重婚”，希望他能得到更严厉的惩罚。在这种情况下，绝大多数人都会支持杨女士的做法，

并且觉得杨女士丈夫受惩罚理所应当。但是,非常遗憾,如果仅凭“婚外情”和“私生子”这两点,法律并不支持杨女士的上述要求。

首先,杨女士要起诉其丈夫“重婚”,不能得到法律的支持,因为法律对重婚的定义是必须有“结婚的行为”,[①]或者是“办理了结婚登记或对外以夫妻名义共同生活”。[②] 那么,杨女士的丈夫在外偷情,与别的女人暗自有“私生子”,只要没有办理结婚登记,也没有公开以夫妻名义生活,就不构成“重婚”。

其次,如果杨女士要求其丈夫进行离婚过错赔偿,在《民法典》施行之前,可能得不到法律的支持。因为原有的法律规定,只有在以下4种情况下导致离婚的,无过错方才能获得损害赔偿,一是“重婚”;二是“有配偶者与他人同居”;三是“实施家庭暴力”;四是“虐待、遗弃家庭成员”。而“婚外情”和“私生子”都不能算作上述任何一种情况。

让常人难以理解的是,杨女士的丈夫既有外遇,还有私生子,这么恶劣的情况居然可能连“有配偶者与他人同居”的情形都不算,这是因

① 【法条链接】《刑法》第二百五十八条:有配偶而重婚的,或者明知他人有配偶而与之结婚的,处二年以下有期徒刑或者拘役。

② 【法条链接】《广东省高级人民法院、广东省人民检察院、广东省公安厅、广东省司法厅印发〈关于处理婚姻关系中违法犯罪行为及财产等问题的意见〉和〈对《关于处理婚姻关系中违法犯罪行为及财产等问题的意见》说明〉的通知》第一条:根据《刑法》第二百五十八条及有关司法解释规定,重婚是指一方有配偶又与他人登记结婚或者与他人以夫妻名义共同生活;以及明知他人有配偶又与之登记结婚,或者以夫妻名义共同生活的行为。

第二条:有以下情形之一的,应视为以夫妻名义共同生活:1. 有配偶的人与他人举行结婚仪式的;2. 有配偶的人虽未与他人举行结婚仪式,但以夫妻相称或者对外以夫妻自居的。

为法律定义的这种同居必须是“两性持续、稳定地共同居住生活”,[①]而不是临时、短暂性地共居一室。这与偶发、隐蔽,不易被旁人察觉的偷情、嫖娼完全不同,区别在于他们是否持续、稳定地共同居住。

面对上述这么多的“反常识”现象,人们不禁要问:“法律的正义去哪儿了?”其实,法律并没有离开,在婚姻家庭事务中,法律一直努力将婚外性行为从法律层面和道德层面区分开来,并寻找一个最佳的平衡点。对于纷繁复杂的婚外性行为,法律不能一概而论,像一般的偷情等偶发的婚外性行为属于道德评价范畴,由有关党纪、政纪约束,或者属于行政处罚范畴,只有达到了一定的严重性,才由刑法进行规制。[②] 法律既要使达到重婚和同居标准的婚外性生活受到惩罚,也要避免出现“漫天捉奸”“漫天索赔”的混乱局面,维护社会的稳定。

然而,原法律对社会上婚外情现象的高发性,以及此类行为对婚内弱势一方,特别是女性受到的损害严重程度估计不足,造成了法律天平的失衡,导致了许多不公平的后果。例如,在本例中配偶“偷情”且有“私生子”的如此极端过错的情况下,法律居然对过错方没有适当的惩罚规定,这对配偶另一方,特别是对妇女的权益保护严重缺失。此时,法律天平应当作出进一步的调整。

---

① 【法条链接】《最高人民法院关于适用〈中华人民共和国民法典〉婚姻家庭编的解释(一)》第二条:民法典第一千零四十二条、第一千零七十九条、第一千零九十一条规定的“与他人同居”的情形,是指有配偶者与婚外异性,不以夫妻名义,持续、稳定地共同居住。

② 吴庆宝、俞宏雷主编:《民事裁判自由裁量规范》,人民法院出版社2012年版,第382页。

终于,《民法典》对此作出了调整,在原有法律规定的4种情形的基础上,增加一条“有其他重大过错”的情形,赋予法院根据现实需要判决过错方承担损害赔偿责任的法律依据,增加此条,正可谓“神来之笔”。[①] 据此,如本例出现“婚外情+私生子”的一方,虽然可能达不到“重婚”的标准,但在离婚时,无过错方若要求有过错方对其进行损害赔偿,便有法可依了。

【余律师支招】

如果配偶出现了不能容忍的偷情行为,若要使其承担损害赔偿责任,虽然《民法典》提供一些法律依据,但也还需要法院对该行为的过错程度作出认定,并不能完全凭个人感知决定。这个问题,既然不能依靠法条,那么可以尝试用约定的方式来解决。比如,夫妻之间签订一个《忠诚协议》,对婚外情等行为约定相应的赔偿金等,届时到法院起诉便可能获得支持。因为这种协议的约定与《民法典》的基本精神相吻合,且没有欺诈、胁迫的情形,当事人双方愿意通过《忠诚协议》约束自己的行为,并提前约定了违反《忠诚协议》的违约责任,法院没有理由否定其法律效力。既然有了约定而且受到法律保护,在一方出现违约情形时另一方就可以据此要求赔偿了。

① 【法条链接】《民法典》第一千零九十一条:有下列情形之一,导致离婚的,无过错方有权请求损害赔偿:(一)重婚;(二)与他人同居;(三)实施家庭暴力;(四)虐待、遗弃家庭成员;(五)有其他重大过错。

58 敢不敢做亲子鉴定

我们先来看看2013年上海市徐汇区人民法院一个关于被告不愿意做亲子鉴定的案例。①

刘女士与程先生因感情破裂,于2010年11月协议离婚。不巧的是,离婚时刘女士已经怀孕,但其当时并不知情,直至2011年1月刘女士才知晓自己已怀孕,2011年6月刘女士将小孩生下。

小孩出生后,一直由刘女士抚养,由于当时已经离婚,刘女士并未将怀孕和生小孩的事实告知程先生。刘女士本来想独自抚养小孩,但是现在物价上涨很快,开支日益增加,刘女士备感吃力。于是,刘女士以小孩的名义向法院提起抚养费诉讼,要求程先生给付抚养费。程先生每月收入5000元左右,刘女士要求程先生按照每月1000元的标准补付2011年6月至今的抚养费,并要求以后每月按此标准支付。

---

① 本案例以上海市徐汇区人民法院(2013)徐民一(民)初字第888号民事判决书为原型编辑整理而成,基本案情及判决理由均有不同程度的删节和修改。

在法庭上,程先生不愿意支付抚养费,声称刘女士与自己婚姻存续期间从未告知其已怀孕,在办理协议离婚手续时,刘女士也未提出其已怀孕,之后也没有告知其小孩出生的事实,小孩的出生证明上“父亲”一栏也是空白,直至被起诉时自己才知晓小孩的存在。程先生认为,根据常理推断,只有在小孩并非程先生亲生子的情况下,刘女士才会隐瞒其怀孕生子的事实。因此,程先生本人与小孩并不存在亲子关系,不需要支付抚养费。

“这孩子到底是不是程先生的?”成了本案的关键,如果是,那么程先生必须承担抚养费;不是,则不需承担。为了查清事实,法官问双方是否愿意进行亲子鉴定,刘女士表示同意,程先生则坚决不同意。如此一来,本案陷入僵局,我国法律并没有规定可以强制进行亲子鉴定,如果当事人不同意,是不能够强逼程先生去做亲子鉴定的。

如果因为程先生不同意做亲子鉴定,案件便无法审理,那么法律天平将失去平衡。对于刘女士,根据时间推算,小孩是在其与程先生婚姻关系存续期间受孕的,已经初步证明了程先生是小孩生父的极大可能性,不能因为程先生单方不愿意做亲子鉴定便予以否认;对于程先生,小孩的生活成长需要得到抚养费的维持,由于自己不配合亲子鉴定,将使法律无法作出判断,小孩的合法权益无法得到法律的保护。

在这种失衡的状况下,法律进行了调整。法律认为,如果有一方要求确认亲子关系,并提供必要证据予以证明,而另一方拒绝做亲子鉴定,又提不出相反证据的,法院可以直接推定亲子关系成立。①

该案经过审理,法院认为:对于程先生与孩子是否具有亲子关系的问题,根据刘女士的产前病史记录和孩子的出生证明,刘女士系在与程先生婚姻关系存续期间受孕,刘女士与程先生离婚前也一直共同生活,程先生拒绝对其与孩子是否具有亲子关系进行鉴定,也未能对此提出相反的证据,故法院推定孩子与程先生存在亲子关系。

据此,结合本案其他事实,法院判决程先生需要支付抚养费,支付标准为刘女士要求的每月1000元。

【余律师支招】

在无法确认子女是否为亲生的时候,可以向法院申请亲子鉴定,即使一方坚决不肯做亲子鉴定,也不会导致无法查明事实,反倒可能因为这种"心虚"行为,促使法院最终作出合理的推定;虽然如此,另一方也不能随便找个人就要求做亲子鉴定,起码也要先提出有这种可能性的初步证据。在本案中,刘女士如果不是在婚姻期间怀孕,而是在离婚后才怀孕的,法院则不会作出如此推定。

---

① 【法条链接】《最高人民法院关于适用〈中华人民共和国民法典〉婚姻家庭编的解释(一)》第三十九条:父或者母向人民法院起诉请求否认亲子关系,并已提供必要证据予以证明,另一方没有相反证据又拒绝做亲子鉴定的,人民法院可以认定否认亲子关系一方的主张成立。父或者母以及成年子女起诉请求确认亲子关系,并提供必要证据予以证明,另一方没有相反证据又拒绝做亲子鉴定的,人民法院可以认定确认亲子关系一方的主张成立。

59 高富帅、白富美，"富"有含义

婚姻与财产是一个永恒的话题。在人们法律意识还比较淡薄的年代，许多人错误地认为，结婚了，双方各自的财产就成了共同财产，对方所有财产都有自己的一半。随着法律观念的逐步普及，人们已经认识到，结婚前的个人财产并不能融入结婚后的共同财产，只有在结婚后产生的财产才有可能成为共同财产。也就是说，无论嫁给"高富帅"，还是娶了"白富美"，你当时能够直接得到的只有"高、帅"或者"白、美"，中间那个"富"是其婚前个人财产，在法律上其实跟你没有关系。

有人会说，"怎么会没有关系呢？你看他(她)，婚前有两套房，婚后这几年房价涨得厉害，这些房产随便转个手也能赚个500万元啊；你看他(她)，婚前定期存款有300万元，婚后一年利息收入也有10万元左右啊，虽然这些财产本身在婚前不关我事，但婚后产生的收益总有我的一半了吧。不管怎样，500万元房产增值收益加上每年的10万元利息收入，如果离婚，我

在这里起码也可以分到好几百万呢"!

这个算盘打得挺响,听起来也似乎在理,其实,法律并不认同。法律认为,在大多情况下,个人财产在婚后产生的收益都属于夫妻共同财产,但如果这个收益是不需要付出劳动即可获得的孳息或者自然增值,①如银行利息、房价上涨的增值,即使是在婚后产生的,也不能算作夫妻共同财产,仍然属于一方的个人财产。

在上例中,房价上涨转手赚500万元属于自然增值,10万元的利息收入属于孳息,都属于不需要付出任何劳动就可以获得的收益,均不能认定为共同财产。假如双方离婚,并不需要拿出来分配,原来是谁的还是谁的,另一方无法染指。

所以,并非在婚姻期间产生的所有财产都是共同财产。审判实践认为,婚姻期间的收入可以分为"积极的收入"和"消极的收入",对于判断财产性质、解决实际问题非常有价值。所谓"积极的收入",是指当事人为了个人和家庭的生存、发展,通过合法的体力、脑力劳动和生产经营,主动、积极地追求所得的经济收入,如工资、奖金、生产经营的收益以及知识产权收益;而"消极的收入"是指当事人遭遇特殊事件,如工伤、意外事故、被解除劳动合同,从而被动、消极地获得的收入。一般来说,"积极的收入"可以认定为共同财产,"消极的收入"只能认

① 【法条链接】《最高人民法院关于适用〈中华人民共和国民法典〉婚姻家庭编的解释(一)》第二十六条:夫妻一方个人财产在婚后产生的收益,除孳息和自然增值外,应认定为夫妻共同财产。

定为个人财产。[1]

当然，嫁给“高富帅”或者娶了“白富美”，也许可以附随享受豪宅、靓车等，过上舒适便利的生活，但这些都不是法律保护的层面，也不是本节探讨的主题。

我们来看看2020年山东省济宁市中级人民法院一个关于认定婚前财产在婚后自然增值不属于共同财产的案例。[2]

6年前，张先生与梁山县某房地产开发有限公司签订《商品房买卖合同》，由张先生购买位于梁山县某都庄园8单元房屋，约定购房款37万元。张先生以个人财产支付了首期款11万元，以个人名义向银行贷款26万元并按月偿还贷款。同时，张先生和吴小姐登记结婚，上述房产的银行贷款每月由夫妻共同财产偿还，银行贷款现已全部还清。目前，该房屋的评估现值为70万元，即6年间价值几乎翻倍。

张先生和吴小姐感情破裂，准备离婚，但双方对如何分配仅有的一套住房产生很大的争议。张先生认为，当时购房款11万元属于自己的个人财产，这部分款项在6年间的增值应当属于其个人财产，不应该合计在70万元房产总现值内被当作共同财产进行分割。双方协商不成，遂诉至法院。

经过审理，法院认为：因涉案房产系原告婚前购买，并由原告交纳

---

① 吴庆宝、俞宏雷主编：《民事裁判自由裁量规范》，人民法院出版社2012年版，第393页。

② 本案例以山东省济宁市中级人民法院(2020)鲁08民终808号民事判决书为原型编辑整理而成，基本案情及判决理由均有不同程度的删节和修改。

首付款,根据相关法律规定,应归原告所有为宜,由原告给予被告婚后共有份额的房屋折价款。婚后夫妻共同还贷的款项为夫妻共同财产,该款项所对应的房屋增值部分,应为夫妻共同财产。那么,对于增值部分应按照共同还贷占全部房款的比例来确定,而不能直接用增值后的房屋价格扣减增值前的首付款后予以平分。

据此,结合本案其他事实,法院最终判定涉案房屋归张先生所有,张先生向吴小姐支付补偿款15万元。

由此可以看出,房屋的增值可以分为首期款产生的增值和剩余款项产生的增值,款项属于个人财产支付的,其增值属于个人财产,在离婚时仍归个人;款项是共同财产支付的,其增值属于共同财产,在离婚时可分割分配。

【余律师支招】

在婚姻和财产的关系中,作为"不富"的一方,须明白对方的婚前"富"和自己没有关系,要珍惜感情,全心投入,共同在"富"的基础上创造"更富",想要单方面坐享其成,法律不会给予保护;对双方来说,创"富"与分"富",本也不应是婚姻的主题,夫妻双方同心同德,累积婚姻的幸福厚度和时间长度,才能享受真正美好人生。

60 父母给子女婚后买房成了法律难题

子女终于结婚了，小两口一直没有自己的房子，现在的房价，一般年轻人也根本买不起。作为有条件的父母，自然会想到“支持一下他们小两口，给他们买套房来住吧”。这是中国特有的传统家庭文化，体现了父母对子女的关心和照顾。

但是，从法律对财产的保护角度来看，父母们可以这么想，但最好不要这么说，更不能这么做。比较合适的说法应该是：“儿子（或者女儿）啊，我们给你买套房吧，结婚也好有地方住。”

这有什么区别呢？不都是买套房，给他们小两口解决居住问题吗？其实不然，这里面的法律意义差别非常大。我们先来探究一下这些父母们的本意。比如，一对年轻人结婚了，其中女方的父母打算“买套房给他们以后居住”，这套房的价格是300万元。

首先，我们问这对父母：“你们买的这套房是给你们女儿的，还是给他们两个人的？”

此时，父母肯定会脱口而出：“当然给他们的，两口子一起住嘛！”

然后，我们再提出一个问题：“如果是给他们俩的，则意味着你们付出的300万元的房款被分成了两半,其中150万元送给了你们自己的女儿,还有150万元送给了你们的女婿。如果以后他们离婚了,这套房涨价后可以卖500万元的话,你们的女婿可以拿走250万元,你们女儿只能留住250万元。在这种情况下,你们还坚持说这套房是买给他们俩的吗?"

听此分析,相信大部分父母马上陷入沉思,然后很坚决地说:"不是,我们收回刚才说的话。我们是给女儿买的,不是给他们买的,只是给他们住而已!"

这就对了,这才符合大多数父母的本意。如果这对父母不愿将财产白白送人,就要作出如此表态。法律规定,父母给结婚后的小两口买房,如果当时不讲清楚到底是给自己子女的,还是给他们夫妻俩的,此套受赠的房产将被认定为夫妻共同财产,①即相当于父母将房子一半的价值赠送给自己的子女,另一半赠送给了子女的配偶。②

因此,如果子女已经结婚,父母为子女买房的房屋权属确实成了一个大难题。因为,在买房的时候,多数父母并不会明确表示这套房

---

① 【法条链接】《最高人民法院关于适用〈中华人民共和国民法典〉婚姻家庭编的解释(一)》第二十九条:当事人结婚前,父母为双方购置房屋出资的,该出资应当认定为对自己子女个人的赠与,但父母明确表示赠与双方的除外。当事人结婚后,父母为双方购置房屋出资的,依照约定处理;没有约定或者约定不明确的,按照民法典第一千零六十二条第一款第四项规定的原则处理。

② 【法条链接】《民法典》第一千零六十二条:夫妻在婚姻关系存续期间所得的下列财产,为夫妻的共同财产,归夫妻共同所有:……(四)继承或者受赠的财产,但是本法第一千零六十三条第三项规定的除外;……

就只送给自己子女。一方面,出于善意,父母不愿这么早就去设想将来子女离婚的可能;另一方面,传统上认为婚姻以感情为基础,婚后财产必然属于双方共同所有和使用。所以,即使父母考虑到了离婚的可能性,一般也不会明确表示指定给自己子女一方,以免另一方因此产生误会,影响夫妻感情。

但无论如何,当事人要明确自己的法律权益,法律权益必须要清晰界定,特别是法律对此作出明确规定的情况下,作为父母,再难也要提前作出清楚的表态:到底是送给自己子女的,还是送给子女夫妻俩的。表态不清的,将被视为送给子女夫妻俩的。

【余律师支招】

在父母为婚后子女买房的情况下,作为父母,要大胆表态房子到底是给谁的,并且最好将房子落在自己子女名下,毕竟这耗费掉自己大半生的积蓄,可不要被年轻人轻率的"闪婚闪离"给卷走了;作为子女和其配偶,要自力更生,不要"啃老",即使父母可以提供好的居住生活条件,对上一辈的财产也要珍惜多于享受,保护多于占有。

61 可以反悔的离婚协议

张女士和李先生准备离婚,双方在离婚协商过程中并没有大吵大闹,显得非常文明平静。双方在离婚协议中约定,各自的存款归各自所有;孩子归女方抚养,男方每月支付抚养费2000元;唯一的房产归女方名下,一辆小车归男方所有。除此之外,没有其他共同财产可供分割。双方经过充分考虑后,非常认真地在这份离婚协议上签字并捺下手印,并约定第二天前往民政局办理离婚登记。

可是,就在签订离婚协议的当天晚上,李先生打电话给张女士,说他母亲不同意将房子全部归入张女士名下,李先生被其母亲说服,打算与张女士重新约定财产分割方案,否则明天就不去办理离婚手续。显然,李先生对刚刚签过的离婚协议反悔了。

张女士听闻此言,顿时被激怒。张女士想,本来离婚心情就糟糕,好不容易平和地谈定了离婚协议,没想到还是被婆婆“横插一杠”,搞得丈夫签了字还出尔反尔,这事还有完没完啦?于是,张女士回应坚决不同意修改离婚协议,并表示实在不行就到法院告李先生。张女士相信,这张离婚协议是双方签字捺手印的,一定会得到法院的支持。

故事说到这里,相信绝大多数的读者都会支持张女士的想法,其实包括笔者自己,在情感上也觉得张女士非常占理,应该得到法院的支持。因为这张离婚协议经过了双方理智而充分的协商,是双方真实意思的表达。作为成年人,特别是在离婚的重要时刻,每一个决定应该都是经过深思熟虑的,不能朝令夕改,毫无诚信,何况双方都已经慎重地签字并捺下了手印。如果这样都反悔,那还有什么可以相信的?

但是,非常遗憾,法律可能要让大家失望了。在离婚协议能不能反悔这个问题上,法律没有一概而论,而是区分不同情况来作出认定。如在上例,如果张女士和李先生第二天去办理了离婚登记,那么这张离婚协议是不能反悔的,若任何一方不履行约定,将承担相应的法律责任;但是,如果双方还没有正式离婚,而离婚协议中往往有"于登记离婚之日起生效"的字眼。也就是说,该协议虽然是双方真实意思的表达,但要在正式离婚后才生效。① 那么,此时的离婚协议是可以反悔的,关键原因就在于这份协议在法律上尚未生效。

---

① 【法条链接】《最高人民法院关于适用〈中华人民共和国民法典〉婚姻家庭编的解释(一)》第六十九条:当事人达成的以协议离婚或者到人民法院调解离婚为条件的财产以及债务处理协议,如果双方离婚未成,一方在离婚诉讼中反悔的,人民法院应当认定该财产以及债务处理协议没有生效,并根据实际情况依照民法典第一千零八十七条和第一千零八十九条的规定判决。当事人依照民法典第一千零七十六条签订的离婚协议中关于财产以及债务处理的条款,对男女双方具有法律约束力。登记离婚后当事人因履行上述协议发生纠纷提起诉讼的,人民法院应当受理。

【余律师支招】

看似非常严肃认真的离婚协议,其实在正式离婚前,双方随时可能反悔,要想让这份协议生效,就请尽快办理离婚手续,免得夜长梦多;反之,如对此份协议心有不甘欲重新考虑,只要协议中有“待离婚后生效”的意思,那么即使签了字还是可以反悔的。

62 一人欠债一人当

夫妻,自然会被大家理解为“有福同享,有难同当”!那么,夫妻一方对外借款或者有其他债务的,当然应该由夫妻共同承担,共同偿还。法律原来也是这么规定的,在婚姻关系存续期间,无论是丈夫,还是妻子,只要任何一方对外有债务,夫妻双方要共同偿还,除非债权人明确同意只需一方还款。至于夫妻一方对债务的产生过程是否知情,根本不在考虑范围之内。

上述规定有一定的积极意义,可以防止夫妻互相串通,通过离婚

恶意转移财产，逃避债务，侵害债权人的利益。例如，张先生和李小姐是夫妻，张先生向王先生借了500万元买房，借条是由张先生出具的，李小姐并没有在借条上签字。从形式上看，显然是张先生个人对王先生负有500万元的债务，与李小姐无关。但是，如果此500万元到期未还，依照原来的法律规定，王先生可以要求张先生和李小姐一起偿还，不管李小姐当时知不知道借款这回事。

这好像有些不合理，但原来法律考虑的是，如果不作如此规定，将会产生巨大的道德风险。比如，张先生和李小姐在借款买房后恶意离婚，将房产过户给李小姐，当王先生手持借条只能找张先生要求还款时，面对张先生名下的空空账户，只能自认倒霉。眼看着李小姐名下的豪宅人来人往，却也无可奈何。所以，原法律规定，此时张先生可以同时要求张先生和李小姐还钱，张先生名下没钱不要紧，可以拍卖李小姐的房子还钱。

由此看来，原法律对防止夫妻恶意串通损害债权人利益方面，有一定的作用。但是世事太过复杂，防备了夫妻串通的恶意，却没有防备擅自借钱的一方将借来的钱用于自我挥霍或者赌博等非法用途上，根本没有用于夫妻共同生活或生产经营的情形。如上例，张先生借了王先生的500万元之后，并没有买房，而是拿去赌博和挥霍，后与李小姐离了婚。500万元的借款到期后，王先生手持借条索要欠款，张先生固然逃不了还款责任，但如果李小姐此时也要承担还款责任，便非常不公平了。

此时,法律的天平严重失衡,《民法典》作出了新的规定①,在婚姻存续期间,不再强调以“一人欠债,夫妻共偿”为主的原则,改为以“一人欠债一人当”为主的原则。对于夫妻共同债务,主要分三个层次进行认定:第一,夫妻共同签名或者事后追认,即夫妻作出了欠债的明确意思表示的,可以认定为夫妻共同债务;第二,一方所欠债务,属于为家庭生活如吃穿用度、子女教育、老人赡养方面的费用,即使夫妻另一方没有明确认可,也可以认定为夫妻共同债务;第三,不属于上述两种情况的,即使一方对外负有巨额债务,只有债权人能够证明这些债务用于共同生活、共同经营或者属于共同合意的,才可以认定为夫妻共同债务,但众所周知,这些证据在现实生活中并不太好寻找和确认,对债权人来说,不是一个利好消息。

面对现实中复杂的利益平衡,法律天平总在努力地作出调整。在《民法典》实施之前,为打击恶意离婚逃债的行为,法律加大了对债权人的保护力度,在夫妻共同债务的认定上,实施了较为宽松的标准,起到了一定的积极作用;在《民法典》实施之后,为维护婚内弱势一方的合法利益,法律加大了对未举债一方的保护力度,在夫妻共同债务的认定上,实施了较为严格的标准,也体现了公平公正。

---

① 【法条链接】《民法典》第一千零六十四条:夫妻双方共同签名或者夫妻一方事后追认等共同意思表示所负的债务,以及夫妻一方在婚姻关系存续期间以个人名义为家庭日常生活需要所负的债务,属于夫妻共同债务。夫妻一方在婚姻关系存续期间以个人名义超出家庭日常生活需要所负的债务,不属于夫妻共同债务;但是,债权人能够证明该债务用于夫妻共同生活、共同生产经营或者基于夫妻双方共同意思表示的除外。

当然，随着社会经济生活的发展，人们的生活方式、财产结构、理财能力在不断变化，如何在夫妻举债一方、未举债一方和债权人三者之间的合法利益保护方面，实现适时、适度、适情之最佳平衡状态，需要长期的司法实践，需要根据社会实际情况不断地进行探索和总结。

【余律师支招】

在夫妻关系中，如果你是未举债一方，在《民法典》实施之后，你要知道另一方负的巨额外债，不再自然地属于共同债务，只要你不曾签字同意，一般来说，你就不用偿还这笔债务了；在借贷关系中，如果你是出借人，由于《民法典》作出了新规定，你最好让对方夫妻都在借条上签字，或者专门留下未签字一方知晓同意的微信、短信等记录，又或者细心关注借款的用途、去向，否则，你将来也许只能向签字的一方追偿借款，导致在收回借款时失去应有的保障。

63 离婚不离债

李女士和丈夫张先生共同经营一家公司，为开拓市场，需要更多资金投入，于是向陈先生借款 200 万元购买设备、招聘人员。此借条由张先生签字，李女士没有签字，但作为公司股东和财务总监，李女士以自己的账号收取了此 200 万元，并最终投入公司经营中去。

市场有风险,李女士和张先生的公司经营困难,一直处于亏损状态。但是,上述200万元借款快要到期了,眼看债主陈先生就要追上

门来,夫妻俩一看形势不对,且两人感情较好,便施展苦肉计,赶到民政局办了一张离婚证。同时,张先生还专门签张字据:"离婚后,我个人所签外债一概由我承担,与女方无关。"张先生对李女士说,如有债主找上门来,你就说离婚了,不关你的事。家里的钱财都归你,你带小孩好好过,我来面对那些债务。

夫妻本是同林鸟,大债临头各自飞。通过离婚逃避债务的方式,听起来似乎可行。但如此一来,法律天平便失去了平衡。对夫妻而言,有债务便离婚,留下无财产的一方面对债权人,有财产的一方依然好好生活,甚至两人可能离婚不离家,实际还住一起,只是领了一张离婚证,便可以逃脱债务,实在不诚信;对于债权人而言,对方欠债的时候是两口子,而且受益人也是两口子,谁知还债的时候,他们便以一张离婚证,让其中一人逃脱还款责任,这也未免太容易,且非常不公平。

不要担心,法律对此作出了调整,①只要是夫妻共同债务,离婚不

① 【法条链接】《民法典》第一千零八十九条:离婚时,夫妻共同债务应当共同偿还。共同财产不足清偿或者财产归各自所有的,由双方协议清偿;协议不成的,由人民法院判决。

离债，即使离了婚，双方在分开生活后，仍然还要对此债务承担连带责任，有共同财产的，首先用共同财产偿还，没有共同财产的，就要用个人财产去偿还，甚至要用婚前的个人财产去偿还，至于离婚时，双方对债务自行约定对外承担债务比例的，对债权人不管用，债权人不用理会，只管要求他们承担连带责任即可，债权人的利益不能因为一张离婚证便被无情忽视。

我们来看看2020年陕西省安康市中级人民法院一个关于判定已经离婚的一方仍然需要为另一方在婚姻期间签下的借据承担连带还款责任的案例。①

张女士和蔡先生是夫妻关系，两人共同经营一个工程项目，后由于缺乏资金便向储先生借款30万元，张女士作为工程项目的负责人收款，但是由其丈夫签下了借据："今借到储先生现金叁拾万元整(300,000.00元)，借款人蔡先生。"后来，蔡先生仅偿还了3万元利息，本金和其他利息一直未归还。

在欠债期间，张女士和蔡先生离婚，蔡先生在离婚协议中写明："家庭对外所欠私人借款全部由男方负责偿还。"

储先生向蔡先生追要借款30万元时，发现张女士已经与蔡先生离婚，顿觉大事不好，其中有诈。于是，手持蔡先生写下的借据，将蔡先生和与其离了婚的张女士一并诉至法院，要求蔡先生和张女士为30万元的本息承担连带偿还责任。

---

① 本案例以陕西省安康市中级人民法院(2020)陕09民终582号民事判决书为原型编辑整理而成，基本案情及判决理由均有不同程度的删节和修改。

该案经过审理,法院认为:根据查明的事实,能够认定蔡先生在借款时已向出借人储先生告知了借款事由,即因自己经营的建设工程项目资金紧张而借款。该工程项目是蔡先生与张女士因夫妻共同利益经营的事项,项目的实际负责人也是张女士,且储先生支付借款是转账汇款到张女士的银行账户。因此,应当认定本案借款属于蔡先生与张女士的夫妻共同债务。张女士与蔡先生离婚协议“家庭对外所欠私人借款全部由男方负责偿还”,依法对储先生不产生效力,故张女士应与蔡先生对本案借款承担共同偿还责任。

据此,结合本案的其他事实,法院最终判定张女士仍然要与其前夫蔡先生一起向储先生偿还借款30万元的本息。

【余律师支招】

如果你是想通过离婚避债的一方,必须了解,虽然坊间有许多这样的说法和做法,但不一定能成功。要做到离婚后,便与原来的债务无关,其关键不在于离不离婚,而在于原来的债务是否属于夫妻共同债务。如果属于夫妻共同债务,离婚也没用,只有认定为不是夫妻共同债务,才能真正保护离婚后属于自己那一份财产。如果你是债权人,对方在婚姻关系存续期间欠下的债务,追偿时最好将其夫妻双方一起告上法庭,以免有漏网之鱼,只要可以认定属于夫妻共同债务,离婚后的任何一方的财产都可能拿来偿债。

第三章

生活点滴

64 遛狗，容易遛出一份赔偿责任

城市里，爱遛狗散步的人越来越多了。有些狗的主人不太注意安全防护问题，就有对其他行人造成伤害的风险。现实中，宠物狗伤人的事件确实时有发生，对于那些没有做好防护措施的狗的主人来说，肯定是要负责任的。

但是,对于有些做事比较谨慎认真的狗的主人,他们也许会有这么一种看法,“出门之前,我做好了各种防护措施,给狗套了绳,还装了嘴套,这下可以好好散步了,即使出了事,我也是没有过错的,只能算是意外”。

认真做好防护措施是必需的,但狗的主人以为如此便可以对可能发生的意外免责,那就错了。因为如果这样,法律天平将失去平衡。对于狗的主人来说,狗是不受人控制的,伤害人的方式也多种多样,再好的防护措施也不能防止伤害的可能性,既然养了狗,就相当于对这个社会多了一份责任,要确保自己不因狗伤人承担责任,最有效的方法就是让伤害不要发生;对于路上行人,如果在路上被他人饲养的狗咬伤、撞伤或者吓倒以致受伤,常理来说应该找狗的主人负责,谁养的就要谁负责,狗的主人如果因为做好了防护措施就免责,那也太容易脱责了。

在这种失衡的状况下,法律作出了调整。如果要饲养动物,就要对动物造成的损害承担责任,不论饲养人是否做好了防护措施,除非损害是他人故意挑逗动物或者重大过失造成的。① 但是,如果饲养人没有做好防护措施,那么,即使是他人故意挑逗动物造成损害,自己也要承担责任,不能因为是他人故意挑逗就不需要负责了。② 另外,如果是其他第三人引起该动物致人伤害的,饲养人还是

---

① 【法条链接】《民法典》第一千二百四十五条:饲养的动物造成他人损害的,动物饲养人或者管理人应当承担侵权责任;但是,能够证明损害是因被侵权人故意或者重大过失造成的,可以不承担或者减轻责任。

② 【法条链接】《民法典》第一千二百四十六条:违反管理规定,未对动物采取安全措施造成他人损害的,动物饲养人或者管理人应当承担侵权责任;但是,能够证明损害是因被侵权人故意造成的,可以减轻责任。

要负责。受害人可以先向饲养人索赔，饲养人赔付后，再自行向第三人追偿。[①]

我们来看看 2018 年广东省广州市中级人民法院一个关于判定狗的主人承担赔偿责任的案例。[②]

一天，陈某（2 岁）在母亲彭某照看下，到儿童公园内散步、玩耍时，适遇王先生饲养且未拴狗绳的狗在附近嬉耍。突然，这只狗朝陈某站立方向跑去，并围绕陈某奔跑、追逐，陈某为了躲避该狗，不慎摔倒在地并受伤。事件发生后，陈某母亲向王先生要求人身损害赔偿，双方对赔偿事宜不能达成一致意见，协商未果，遂诉至法院。

在庭审中，王先生辩称，其狗不具有攻击性，且只有 6 斤重，亦未碰到陈某，陈某摔倒受伤完全是其自身原因造成，不应由王先生负责。

该案经过审理，法院认为：虽然王先生表示其狗不具有攻击性，但是对于年仅 2 周岁的陈某来说，正常情况下该狗在奔跑或自由活动过程中靠近陈某亦有可能导致其受到惊吓而摔倒。因此，法院认为陈某摔倒受伤与王先生的狗有直接因果关系。根据法律规定，饲养动物造成他人损害适用无过错责任原则。

本案中，即使王先生无过错亦应对陈某的受伤负责，更何况王先生在儿童公园这样的公共场所放任其狗自由活动而没有用绳牵着本

---

① 【法条链接】《民法典》第一千二百五十条：因第三人的过错致使动物造成他人损害的，被侵权人可以向动物饲养人或者管理人请求赔偿，也可以向第三人请求赔偿。动物饲养人或者管理人赔偿后，有权向第三人追偿。

② 本案例以广东省广州市中级人民法院（2018）粤 01 民终 6886 号民事判决书为原型编辑整理而成，基本案情及判决理由均有不同程度的删节和修改。

身就存在过错,没有尽到看管责任,因此,王先生应对陈某的损害承担赔偿责任。陈某在母亲的带领下在儿童公园里自由行走、活动并无过错,因此,王先生应对陈某受伤导致的相关损失承担全部赔偿责任。

据此,结合本案其他事实,法院最终判定王先生赔付陈某14,096.65元。

【余律师支招】

如果你买了一条狗,就相当于买了一份责任,在享受宠物带来乐趣的同时,也要清醒地认识到这只宠物也会给你带来巨大的潜在赔偿风险。一旦宠物造成他人损害,自己基本上都要承担责任,不论你是否做好了防护措施。相反,如果你被他人的宠物伤害了,不论什么理由,一般都可以向主人追讨赔偿。然而,如果宠物主人做好了防护措施,伤害事件又是由于你故意挑逗动物引起的话,你也要承担相应的责任。

65 只要有可能,就跑不掉

在多数人的理解中,如果有人受到了伤害,比如,被飞来的石头砸伤,那么就应该找到实施伤害的具体个人去索赔,即找到扔石头的那个侵权人去索赔。如果找不到具体的侵权人,那就没有办法索赔了。

常理虽然如此,但如果现场作出危险行为的人有好几个,如下图中,3个小孩在路边扔石头玩,其中飞出一块石头砸破了一扇窗户,但事后确实无法查清楚那块石头是谁扔的，受害的业主岂不是就无法获得赔偿？

果真如此，法律天平将失去平衡，受害人的权益将无法得到保障。于是，法律作出了调整。法律认为，多个人实施危险行为，找不到确定的侵权人的话，则共同承担连带责任，①即大家都要赔，一个也跑不掉。在找不到具体的侵权人的情况下，只要有可能是某个人实施的侵害行为，这个人就“跑不掉”。

我们来看看2020年云南省普洱市思茅区人民法院一个关于判决可能侵害人承担连带赔偿责任的案例。②

黎某、雷某、石某、冯某、许某均是在校中学生。某日，在黎某策划指令下，雷某、石某、冯某将刚转学来的许某拉到学校厕所内进行恐吓及殴打，同日下午，再次将许某强行拖至学校厕所进行二次殴打及恐吓，致使许某右侧下颌骨体部骨折、左侧髁突骨折，经鉴定为二级伤残。然而，到底是谁动的手造成许某的严重伤害，已经无法查清楚了。大家为许某的赔偿事宜争论不休，协商未果，遂诉至法院。

---

① 【法条链接】《民法典》第一千一百七十条：二人以上实施危及他人人身、财产安全的行为，其中一人或者数人的行为造成他人损害，能够确定具体侵权人的，由侵权人承担责任；不能确定具体侵权人的，行为人承担连带责任。

② 本案例以云南省普洱市思茅区人民法院（2020）云0802民初211号民事判决书为原型编辑整理而成，基本案情及判决理由均有不同程度的删节和修改。

该案经过审理,法院认为:本案的实际侵权人黎某、雷某、石某、冯某在侵权行为发生时均未满18周岁,为限制民事行为能力人,所以除了将实际侵权人列为被告外,还应将其监护人一并列为共同被告。

法律规定,二人以上共同实施侵权行为,造成他人损害的,应当承担连带责任。被告黎某、雷某、石某、冯某在涉案学校厕所内殴打原告许某,导致许某损伤程度为轻伤二级。黎某、雷某、石某、冯某共同实施侵权行为,共同对于许某的损害有过错且损害了许某民事权益,应当承担侵权责任。法院确认,被告黎某、雷某、石某、冯某承担70%侵权责任,即应赔偿原告赔偿款70,740.58元(101,057.97元×70%)。由于本案的实际侵权人黎某、雷某、石某、冯某在侵权行为发生时均未满18周岁,为限制民事行为能力人,实际侵权人的侵权责任由其监护人承担。

涉案学校虽然履行了部分管理职责,但本案事发地点在学校内,同一学生因同一事由在同一地点同一天被打两次,学校未尽到足够的管理职责,对于原告许某的损害后果,学校亦应当承担责任,本院确认学校承担30%侵权责任,即应赔偿原告赔偿款30,317.39元(101,057.97元×30%)。

据此,由于无法判断具体侵权人,结合本案其他事实,法院最终判决4名学生黎某、雷某、石某、冯某及其监护人对许某砸伤产生的损失承担连带赔偿责任。

至此,本案已经尘埃落定,但我们还可以以此为例,再作一些深入探讨。比如,在本案中,石姓学生的父亲辩称,该石姓学生当时手臂因踢球摔伤，写字都困难，从客观上讲根本没有力气将许某打成伤残，因此自己这一方可以免责。这个免责理由在法律上可以成立吗？

这种免责理由是不能成立的。在共同危险行为中，当大家都无法指认谁是具体的施害者时，如果允许一方通过证明自己不可能是施害者而予以免责的话，法律天平将再次失去平衡。因为这种行为可能引发其他人也如法炮制地证明自己没有实施侵权行为，在法官拥有较大自由裁量权的情形下，行为人轻易逃脱责任，受害人所受损害根本无法获得补救。

因此，不能确定具体侵权人的，所有行为人承担连带责任。换言之，只有在确定具体侵权人的情形下，其他人才可以免除责任。只要指不出谁是具体的侵权人，即使可以证明自己不是侵权人，也无法免责。

【余律师支招】

在多人实施危险行为的场合，一方面，不要存有侥幸心理，认为反正场面混乱，到时谁也搞不清是什么情况，便参加一些危险行为；另一方面，如果受到伤害，无法确认具体的施害者，那么在场实施了危险行为的人，都有可能要承担赔偿责任，受害人可以要求他们中的任何一个人赔偿，“谁也跑不掉”。

66 终于可以同命同价

在人身损害赔偿方面,终于可以同命同价了!听闻此言,多数人都会产生一个疑问,难道在一起事故中,同样一条生命的失去,得到的赔偿是不同的吗?

不要惊讶,几年前,我国在人身损害赔偿案件中计算死亡赔偿金的时候,普遍存在这种现象。比如,在发生特大多人伤亡的车祸、火灾、空难事故中,按照我国法律规定,每一位死者得到的死亡赔偿金计算标准差别是很大的,差别的根源在于要区分死者的户籍是城镇还是农村。① 经过计算,城镇户籍的死亡赔偿金将是农村户籍的好几倍。这样做的法律理由是,一个人受伤害死亡了,对他的死亡赔偿金计算应该是补偿性的,可以设想这个人如果不死亡的话,他按照当地标准可以每年挣多少钱,有多少属于可

① 【法条链接】《最高人民法院关于审理人身损害赔偿案件适用法律若干问题的解释》(2020年修正)第十五条:死亡赔偿金按照受诉法院所在地上一年度城镇居民人均可支配收入或者农村居民人均纯收入标准,按二十年计算。但六十周岁以上的,年龄每增加一岁减少一年;七十五周岁以上的,按五年计算。

支配收入，将这个数额标准以20年计算，就是他的死亡赔偿金。

那么，城镇户口和农村户口收入标准差距有多大呢？例如，根据广东省统计部门公布的数据，广州市城镇常住居民2020年人均可支配收入68,304元，农村常住居民人均可支配收入31,266元，假如广州市发生一起交通事故导致三人死亡，死者中有人是广州市城镇户口，有人是广州市农村户口，那么按照上述标准以20年计算，城镇户口死者的死亡赔偿金是130多万元，而农村户口死者的死亡赔偿金只有60多万元。此时，躺在事故现场的不同死者的“赔偿价钱”是不一样的，即所谓的“同命不同价”。

如此的“同命不同价”显然将导致法律天平严重失衡。在重大事故中，每位死者的离去，给亲人带来的都是同样的痛苦和悲伤，情感上本无区别，如果赔偿数额因为身份不同而异，那么对农村户口的亲人又是一个沉重的打击，何来法律面前人人平等？特别是这种差别来源于我国特有的“户口”制度，这种“同命不同价”的现象已经引发了巨大的社会争论。

在法律天平失衡的状况下，法律作出了改变和调整。法律认为，在发生侵权事件时，如果造成多人死亡，可以相同的数额进行赔偿，即可不再按照城镇和农村身份的区别来计算死亡赔偿金。[①]

我们来看看2020年黑龙江省佳木斯市中级人民法院一个关于在

① 【法条链接】《民法典》第一千一百八十条：因同一侵权行为造成多人死亡的，可以以相同数额确定死亡赔偿金。

二人死亡的交通事故中按“同命同价”标准赔偿的案例。[①]

涉案交通事故中的死者之一万某是农村户口,另一位死者是城镇户口,万某的亲属认为万某也应该按照与另一位死者相同的标准进行赔付,不应区分户口性质。但是,被告不同意,辩称原告作为在城镇经商、务工、居住的农村户口的受害人,若要在交通事故的理赔中请求按城镇居民的标准计算损害赔偿金的话,应当同时提供经常居住地和主要收入来源地均为城镇标准的证据,二者不能或缺,现原告无法提供证据证明,应当按农村户口标准赔付。

该案经过审理,法院认为:法律规定,因同一侵权行为造成多人死亡的,可以以相同数额确定死亡赔偿金。从立法本意来看,如果出现城镇居民和农村居民在同一侵权行为中死亡,可以按照城镇标准计算农村居民的死亡赔偿金,其目的是保障“生命同价”,避免出现同一侵权行为造成多人死亡计算死亡赔偿金时出现“同命不同价”现象的发生。本案中,万某亲属主张应参照的城镇居民标准计算万某的死亡赔偿金于法有据,法院予以支持。

据此,万某得到了“同命同价”的公平赔偿待遇。

但是,法律界也有观点认为,根据立法本意,此条规定应当是针对集体损害而言的,即是众多的人都受到损害,而不是简单的二人或者三人以上受到损害。也就是说,并不是每次都必须按照“同命同价”来赔偿。

不管怎样,尽管法律界还存在许多争论,但上例中的万某已经得

---

① 本案例以黑龙江省佳木斯市中级人民法院(2020)黑08民终342号民事判决书为原型编辑整理而成,基本案情及判决理由均有不同程度的删节和修改。

到“同命同价”的公正待遇，也算是司法上的一个进步了。

【余律师支招】

饱受诟病的“同命不同价”问题在法律层面上终于得到了初步的解决，但还只是停留在“同命”“可以”“同价”的阶段，也给法院留下了自由裁量的空间。当事人要清醒地认识到，“同命同价”有可能在集体大事件中才适用，而在独立的个体事件中就有可能不适用了。要彻底地“同命同价”，恐怕和我国特有的“户口”制度存亡有莫大联系。不管怎样，遇此不幸，当事人还是要在法院提起“同命同价”的请求，争取获得公平的赔偿。

67 见义勇为者，不能被法律忘记

新闻报道中常常看到有“见义勇为”的报道，像勇救落水者、“托举哥”、推开即将被撞路人的英雄等，在人们的印象中，见义勇为的“好心人”常常在救人之后，便悄然离去。人们通常对“好心人”的高尚道德情操给予高度的赞扬，但是，对“好心人”的自身损失如何得到补偿的问题却少有关注，甚至有人认为，做了好事就应该

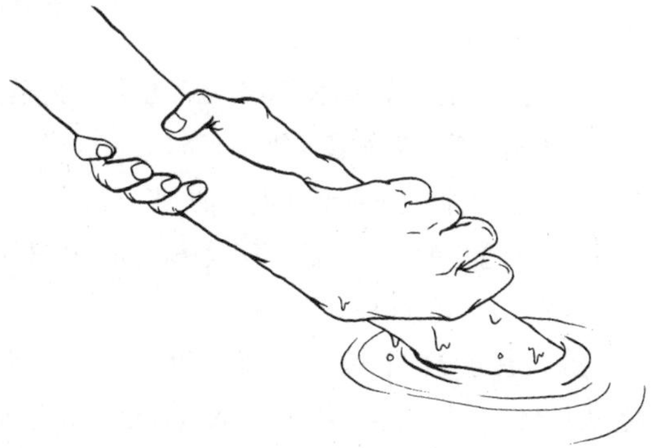

不留姓名,悄悄地来,悄悄地走,自己的损失自己承担。

如此认为,法律天平将失去平衡。对于"好心人",对一个毫不相干的人出手相帮,救人于危难之中,本身也有可能受到伤害或者损失,如情急之中丢失了自己的珍贵物品,救人的时候自己被撞伤、刮伤,这部分损失如果全部由施救者自己承担,于情于理都说不过去。对于被救者,本来处于危难之中,却被"好心人"相救,己方利益得到了保障,甚至生命得到了挽救。在这种情况下,一味强调由侵害人负责赔偿"好心人",自己却对"好心人"的损失不进行分担,亦有违传统美德。

在这种失衡的状况下,法律作出了调整。法律规定,如果双方并没有任何法律上的关系,一方为了避免另一方利益损失,而见义勇为出手相救,施救者可以要求受益人偿付必要的费用。① 如果施救者还受了伤,即使这个伤是侵害人造成的,如被打伤、撞伤,受益人也要给予施救者适当的补偿,②不能不闻不问,被人救了就做"甩手掌柜"。

我们来看看2020年福建省南平市顺昌县人民法院一个关于补偿

---

① 【法条链接】《民法典》第九百七十九条:管理人没有法定的或者约定的义务,为避免他人利益受损失而管理他人事务的,可以请求受益人偿还因管理事务而支出的必要费用;管理人因管理事务受到损失的,可以请求受益人给予适当补偿。管理事务不符合受益人真实意思的,管理人不享有前款规定的权利;但是,受益人的真实意思违反法律或者违背公序良俗的除外。

② 【法条链接】《民法典》第一百八十三条:因保护他人民事权益使自己受到损害的,由侵权人承担民事责任,受益人可以给予适当补偿。没有侵权人、侵权人逃逸或者无力承担民事责任,受害人请求补偿的,受益人应当给予适当补偿。

见义勇为“好心人”的案例。[①]

薛某是顺昌县双溪街道某社区的居民，常年光顾由谢女士经营的位于该社区华昌大厦二楼的男士服装店。某日，薛某欲前往华昌大厦办事，在距离大厦近20米远的时候，薛某听到救火的呼喊声，且看见谢女士的服装店被熊熊大火包围。眼看谢女士被困于火海之中，薛某挺身而出，翻越院墙冲进服装店积极参与救火，但在救火的过程中不慎发生事故。

薛某爬人字梯救火的过程中，由于荒乱中无人扶梯，泼水的反作用力导致梯子倾倒，失去重心的薛某眼看就要从二楼掉下，情急之下从梯上跳下，双脚落地时无法控制，造成双脚根骨粉碎性骨折，经福建中卫司法鉴定中心鉴定，伤残程度为九级伤残。

于是，薛某起诉了谢女士，要求谢女士向其赔偿医疗费、误工费、残疾赔偿金以及精神损害抚慰金共5万元。在法庭上，谢女士辩称，自己也是受害人，华昌大厦发生电线自燃的位置虽然在谢女士店铺的上方，但该线路常年失修、外线裸露老化，该线路发生火灾，受益人为华昌大厦的全体业主，依法应由全体受益人承担补偿责任，不同意程某的补偿要求。

该案经过审理，法院认为：见义勇为行为人在实施见义勇为行为时，其自身受到损害的，可以请求侵权人赔偿或者受益人适当补偿。谢某对薛某的损害并未实施任何侵权行为，也不存在过错，故不符合

① 本案例以福建省南平市顺昌县人民法院(2020)闽0721民初817号案件民事判决书为原型编辑整理而成，基本案情及判决理由均有不同程度的删节和修改。

作为侵权人进行赔偿的情形。对薛某积极救火的行为和精神应予以弘扬,但薛某亦应该对自身人身安全尽到基本的谨慎、注意义务,因其泼水的反作用力导致梯子倾倒为避险跳落受伤,其应对自身损害的发生负有一定责任。

谢某作为涉案店面的所有权人、经营人,确系薛某实施见义勇为行为的受益人,应该对薛某的损害在受益范围内予以适当补偿。见义勇为的救助者在危急关头挺身而出的救助行为,体现了中华民族的传统美德,见义勇为的行为值得褒奖与弘扬。对于见义勇为的救助者自身受害的损失,应最终通过构建多元化的社会救助机制加以填平。作为受益人仅应依据公平原则,承担适当的补偿责任,否则无意于加重无过错受益人的负担,将社会应承担的责任转嫁给了受益人。

法院根据查明的事实,参考谢某受益情况,最终酌情确定谢某补偿薛某4万元。

【余律师支招】

当有人见义勇为,救人于危难之中,即使"好心人"不留姓名离开了,这件事在法律上也将留下一道痕迹,救人者和被救者已经产生了法律上被称为"无因管理"的关系。如果是施救的一方,在自己受到损害的情况下,可以向被救的一方要求得到一些补偿;如果是被救的一方,要清楚地知道,不能被人救了就做"甩手掌柜",无论在道德上还是法律上都有义务给予施救者适当的补偿。

68 为私力救济正名

产生了纠纷,有时候不怕遇到蛮横的,就怕遇到耍无赖的。遇到耍无赖的,明明你有理,却拿对方毫无办法,动不得、碰不得,眼看他大摇大摆,若无其事。例如,有些赖账的人,面对你的追债,他偏偏念念有词:就算我欠你钱,君子动口不动手,有什么事找法院、找警察去。不要乱动我的东西,不要碰我,否则你就违法了,我会反告你。

这话听起来阴阳怪气,但也不是完全没有道理。纠纷发生后,若当事人无法达成一致意见,法律一般规定此时应当引入公力救济,即让公共机构如公安、法院进行处理,不要过度地私力救济。

原来的法律就是这么规定的,对自助行为的认定慎之又慎,在社会各界认为公力救济发挥的作用明显不足的时候,在2010年《侵权责任法》修订时,草案中规定了自助行为,但“考虑到自助行为是一把‘双刃剑’,会存在以暴力制暴力的争议。如果超过必要限度,甚至会成为新的侵犯公民合法权益的行为。最终《侵权责任法》对此没有规定”。[①]

但是,如果一直不给适当的自助行为正名,法律天平将失去平衡。对自身权益已经受到侵害,来不及等待公力救济,如果仍然不允许采取自助行为,恐怕会造成难以弥补的伤害。

显然,法律天平需要得到再平衡。《民法典》作出了调整。《民法典》认为,[②]在自身权益受到侵害的紧迫情况下,可以不等国家机关的到来,便积极采取自助行为,实施扣留侵权人的财物等合理措施。但是,虽然不需等到国家机关前来解决问题,却也要立即通知国家机关,不能不通知。另外,措施不当造成他人损害的,也要承担相应的责任。

我们来看看2018年重庆市第一中级人民法院一个关于债权人偶遇债务人予以扣留不需承担责任的案例。[③]

张某欠李某50万元未还,经过法院判决且强制执行后,张某仍然未还。李某一直在找张某,均无法找到张某的踪影,此50万元债务的偿还根本就没有着落。

---

① 最高人民法院民法典贯彻实施领导小组主编:《中华人民共和国民法典侵权责任编理解与适用》,人民法院出版社2020年版,第124页。

② 【法条链接】《民法典》第一千一百七十七条:合法权益受到侵害,情况紧迫且不能及时获得国家机关保护,不立即采取措施将使其合法权益受到难以弥补的损害的,受害人可以在保护自己合法权益的必要范围内采取扣留侵权人的财物等合理措施;但是,应当立即请求有关国家机关处理。受害人采取的措施不当造成他人损害的,应当承担侵权责任。

③ 本案例以重庆市第一中级人民法院(2018)渝01民终2518号民事判决书为原型编辑整理而成,基本案情及判决理由均有不同程度的删节和修改。

某天晚上,李某约了几个朋友去KTV唱歌,无巧不成书,在柜台买单时,居然遇见了张某。李某便抓住张某不放,要求他还钱。张某开始还抵赖,说不欠李某钱。于是,李某打电话叫人将法院判决书送过来,并约了几个朋友前来看住张某,免得他再次逃脱,导致无处讨债。

李某和几个朋友手持判决书和执行决定书看住了张某,张某说要离开,李某不允许,说正在联系法院的执行法官,要求法院前来处理。但由于是晚上,无法联系到法院的执行人员,于是,他们一起来到了派出所。派出所的工作人员说需要等到明天有法院执行人员值班时才能处理,因为这是法院出具的执行文书,不是治安案件。

在等待前往法院处理的前一天晚上,张某和李某等人一同待在派出所旁边的一家医院。在凌晨5点左右,张某说要上洗手间,李某等人便守在洗手间的门口,以防张某擅自离开。但是没有想到,张某居然想偷偷爬窗逃离开医院,却不慎摔下楼去,不幸身亡。

事后,死者张某的妻子将李某等人诉至法院,称由于李某等人控制、监视、跟踪张某的行为,导致张某又困又饿且处于高度惶恐、紧张、害怕的状态,为摆脱控制,张某在上卫生间时由于李某等人的疏忽从高处坠落死亡。李某应当为此承担60%的赔偿责任。

李某等人答辩称,李某等人与张某没有过激的身体接触抵抗行为,李某主张债权时,先是报警然后联系法院,后又到附近的派出所解决。这一系列行为完全合法。张某上卫生间时,李某等人一直在走廊,而且卫生间到死者坠楼的地点至少需要翻窗、走过彩钢板。因此,李某等人根本无法预料死者坠楼,不存在过错行为,不应当为张某的死亡承担责任。

该案经过审理,法院认为:在整个事件过程中,李某等人的行为并不存在过错,既无故意也无过失。李某一方的目的是明确的,为实现其合法债权,一方面,李某拨打报警电话、致电执行法官,一起到派出所说明情况;另一方面,在派出所等候期间,密切关注张某的动向,甚至连张某上卫生间也予以跟随、守候,以确保天亮后一同去法院解决案件执行问题。张某最终从卫生间跳窗的事实表明李某等人的前述行为确有必要。在整个过程中,李某均无侵害张某生命权的故意或过失,亦无法预料到张某的死亡结果。因此,在债务人多年未履行法定义务,债权一直无法得以实现的情况下,李某一方采取了避免债务人再次隐匿的措施,属于保护自身合法权益的正当行为,并未超出法定的限度,并无过错。

据此,结合本案的其他事实,法院最终驳回了死者张某妻子要求李某为其丈夫死亡承担责任的全部诉讼请求。

本案中,李某为实现自己的债权,召唤朋友一起将张某留住要债的自助行为,是否合法,是否有过错,判决时尚无关于自助行为的规定可以直接适用,法院只能从侵权责任的一般原理进行分析,但其说理部分与《民法典》的立法精神是契合的,再有此类案件,法院便可以直接适用《民法典》第1177条。

【余律师支招】

如果你是债权人，在不能及时请求国家机关解决问题的紧要关头，可以采取扣留债务人的财物，甚至留住债务人的自助行为，要求债务人履行法律义务，当然手段不能太过激，同时，要立即通知国家机关前来解决问题，如果没有立即通知国家机关，恐怕也要承担相应的责任，毕竟私力救济仅仅是公力救济的一个辅助手段，而不是主要手段；如果是你债务人，遇到债权人采取自助行为时，既不能想当然认为对方不能私自动手，也要适当维护自己的合法权益，告知对方适可而止，当然，作为债务人，你最好积极履行法定的债务，以免事态进一步恶化，伤人伤己，造成无法弥补的损失。

69　自甘冒险、自负其责

很多运动项目容易造成身体伤害，传统的如足球、篮球、拳击，新型的如跳伞、蹦极、赛车、跑酷。

一旦参与者受伤，相关损失便接踵而至，医疗费、误工费、伤残补偿金、精神损害赔偿等，该找谁赔偿？多数人认为，如果是自己的原因造成的，那么与他人无关，苦果自己吃；如果受伤是运动中对手原因造成的，如足球中的快速铲球、篮球中的猛烈肘击、跑酷中的失控碰撞，那么应当向对手索赔，毕竟没有对手的行为，便不会有受伤的发生。

上述判断似乎言之有理，而且，原有法律并未对此有专门规定。

发生此类事件后,法院也只能按照公平原则进行判决,多数情况下是让造成损害的一方承担部分赔偿责任。但如此一来,法律天平便会失去平衡。对运动中受伤者而言,明知所参加的运动项目受伤风险较高,需要与队友或者对手频繁互动,难免会受伤,一旦受伤便抓住相关的参与者不放,索要赔偿,对其他参与者未免太过苛责;对于造成他人伤害的参与者而言,尽自己最大能力发挥力量与速度是运动本意的体现,若一旦致人受伤便要承担责任,将失去运动本身的意义。对整个运动项目而言,快速奔跑、发力起跳、敏捷反应与力量抗衡,是人们参与体育竞赛的内在动因,亦是竞技体育长盛不衰的魅力所在,倘若仅因参加者遭受了损害,就认定其他参加者或赛事组织者要承担侵权责任,势必不合理地限制了人们的行为自由,使体育比赛等正常文体活动无法进行。

《民法典》对此作出了新规定。[①] 法律认为,参加带有一定风险的文体活动,属于自甘冒险的行为,一旦受伤,也不应当去找其他人如对手或者队友等索要赔偿,大多数情况下只能自己承担。当然,如果他

① 【法条链接】《民法典》第一千一百七十六条:自愿参加具有一定风险的文体活动,因其他参加者的行为受到损害的,受害人不得请求其他参加者承担侵权责任;但是,其他参加者对损害的发生有故意或者重大过失的除外。活动组织者的责任适用本法第一千一百九十八条至第一千二百零一条的规定。

人对事故的发生有故意或者重大过失，则要承担赔偿责任。另外，活动组织者对运动参与者之间的行为并不直接负责，只要做好了自己的安全保障等法定义务，也不用承担赔偿责任。

我们来看看2021年北京市朝阳区人民法院关于一个判决认定自甘冒险行为的案例。①

2020年4月28日，宋先生、周先生与案外4人在朝阳区红领巾公园进行羽毛球"3v3"比赛。比赛过程中，宋先生被周先生击打的羽毛球击中右眼。事发后，宋先生由周先生陪同至医院就诊，被诊断为右眼人工晶体脱位、前房积血等。同年7月6日，医院出具诊断证明显示：宋先生术前右眼视神经萎缩，术后5周验光右眼最佳矫正视力为0.05。

事后，双方就医疗费用赔偿问题协商未果，宋先生便将周先生诉至法院，要求周先生对其受伤承担侵权赔偿责任。周先生抗辩，自己正常打球，并无过错，不需要为宋先生的眼睛损害承担赔偿责任。

该案经过审理，法院认为：羽毛球运动是典型的对抗性体育运动项目，除扭伤、拉伤等风险外，较为突出的风险即为参赛者易被羽毛球击中。原告宋先生作为多年参与羽毛球运动的爱好者，对于自身和其他参赛者的能力以及此项运动的危险，应当有所认知和预见，但仍自

---

① 案例来源：《北京朝阳：适用"自甘冒险"条款驳回原告诉求》，载《人民法院报》2021年1月5日，第1版、第4版，经编辑整理，基本案情及判决理由均有不同程度的删节和修改。

愿参加比赛,应认定为自甘冒险行为。且原告宋先生在庭审中不主张被告周先生对其受伤存在故意,被告杀球进攻的行为又不存在重大过失。

据此,法院认定宋先生参与对抗性竞技比赛属于自甘冒险的行为,且周先生不存在故意或重大过失,于是驳回了宋先生的全部诉讼请求,周先生不需承担赔偿责任。

【余律师支招】

如果你是足球、篮球、拳击、跳伞、蹦极、赛车、跑酷等高风险文体活动的参与者,请注意在积极参赛或者表演的过程中,注意做好自我保护,因为在此类活动中,万一受伤,一般情况下要自己负责,不能仅仅因为是他人造成你的伤害,便向他人索赔,只有在能证明他人对你有伤害的故意或者重大过失时才能向其索赔,但是这种主观的判断是很难证明的。如果是你造成他人受伤的一方,不要因为此类活动自甘冒险带来的免责事由,而放任自己的动作,因为明知会造成对方伤害而放任自己的危险性动作,属于过失的一种情形,也可能需要对受损害方承担相应的赔偿责任。如果你是高风险文体活动的组织者,虽然你无法控制活动各参与方的行为、动作等,但你也要做好组织者的安全保障义务,如场地布置、程序安排,最好为参赛者购买适当的保险,否则,也有可能要为受损害者承担相应的赔偿责任。

70 请“钟点工”做事的责任风险

许多人认为,“请钟点工过来做事,他按时来,到点走,我依小时付费,他对自己所做的事情负责。如果他弄伤了别人,应该由他自己负责,因为钟点工并不是我的员工,我不需要为他承担责任”。

这种说法听起来似乎有些道理,因为大家觉得,私人请钟点工做事和公司安排员工做事,对做事过程中发生的损害,两者承担责任的方式应该有所不同。

公司员工在工作过程造成他人损害,应该首先由公司承担赔偿责任,这个好理解。比如,家具公司负责送货上门,该公司员工在抬家具上楼梯的时候,将该楼邻居碰倒跌伤,那么应当由家具公司负责赔偿该邻居的损失,与买家没有关系。但是,如果家具公司并没有承诺送货上门,而是买家临时请个钟点工来搬家具,同样也是将邻居碰倒跌伤。此时,是由钟点工自己负责赔偿,还是由买家负责赔偿?

对于上述问题,从买家的角度来说,自己并不像公司企业那样财大气粗,如果请个钟点工干点小活,出了事也要自己赔偿的话,觉得压力好大,负担不起。所以倾向于认为,钟点工拿了报酬,就应当自负其责,对他人造成了损害,应当由钟点工自己负责。但是,对于受害人来说,不论对方是公司也好,个人也好,谁派人出来做事,出了事就要谁赔偿,不能把所有责任都推到具体做事的个人头上,而认为与自己毫无干系。如果聘请人不需要对钟点工负责,那么,法律天平将失去平衡。

其实,在这种失衡的状况下,法律作出了调整。法律认为,“钟点工”为你做事,你支付报酬,形成了个人劳务关系,出了事,必须得由你负责。① 这种责任在法律术语上叫作“替代责任”。

我们来看看2018年四川省隆昌市人民法院一个关于“小工”犯错由雇主赔偿的案例。②

陈小姐是某婚庆公司服务部的负责人,让杨某帮忙搬运货物。婚庆当日,杨某叫了两个“小工”小叶及小辉到婚庆现场帮忙搬运音响设备、设施器材等货物,随后便离开了。在装货过程中,小辉因拆卸设备不慎滑倒,致使铁拖车倒下将旁边的小叶砸伤。小叶因伤住院,被诊断为左侧胫腓骨折,花去医药费共计4万元。

后来,小叶找陈小姐索赔4万元的损失。陈小姐认为,自己没有

---

① 【法条链接】《民法典》第一千一百九十二条:个人之间形成劳务关系,提供劳务一方因劳务造成他人损害的,由接受劳务一方承担侵权责任。接受劳务一方承担侵权责任后,可以向有故意或者重大过失的提供劳务一方追偿。提供劳务一方因劳务受到损害的,根据双方各自的过错承担相应的责任。提供劳务期间,因第三人的行为造成提供劳务一方损害的,提供劳务一方有权请求第三人承担侵权责任,也有权请求接受劳务一方给予补偿。接受劳务一方补偿后,可以向第三人追偿。

② 本案例以四川省隆昌市人民法院(2018)川1028民初261号民事判决书为原型编辑整理而成,基本案情及判决理由均有不同程度的删节和修改。

请小叶搬运东西,请的是杨某。小叶是帮自己干了活,但小叶是杨某临时换的人,杨某没有向陈小姐报告,小叶受伤应该自负其责或应由杨某负责。小叶和陈小姐就索赔事宜无法达成一致意见,僵持不下,遂诉至法院。

该案经过审理,法院认为:陈小姐是原告小叶劳务的接受方,理由如下:首先,虽然被告辩称,其服务部首先是想要雇请杨某,但在证人杨某的推荐下,在婚庆现场活动开展之前其服务部的工作人员就与原告小叶进行了直接的沟通,双方直接建立劳务关系的意思表示是明显的。其次,原告小叶当庭陈述所收取的搬运费与陈小姐当庭陈述所支付的搬运费金额是一致的,杨某从中并未获取相应利益,杨某仅是一个依靠提供搬运服务而获取报酬的个人,并不是组织他人搬运的组织者。

小叶在给陈小姐提供劳务过程中即为陈小姐婚庆现场装卸货物过程中受伤,陈小姐作为接受劳务方应当承担侵权责任。

据此,结合本案其他事实,法院判决陈小姐向小叶赔偿4万元。

【余律师支招】

如果是请钟点工做事的一方,需要谨慎小心,要判断该钟点工做事是否鲁莽,基本人品如何,若其干活出了事,对他人造成损害,自己是要负责赔偿的,不要以为只有公司才需要对员工的行为负责任;如果是受伤的一方,索赔的时候要认准"雇主"请求赔偿。

71 8岁为界,小孩受伤后学校的归责原则有不同

小孩都是父母的心头宝,既然送去学校学习,学校和老师就应当负责其在校的安全,只要自己的小孩受了伤,家长第一个念头往往就是学校和老师要负责,要承担赔偿责任。这是大多数人的想法,也符合一定的情理,毕竟孩子还小,需要保护,家长将孩子送到学校,学校、老师就应当承担起保护的责任,一旦出现了问题,家长向学校追究责任,好似天经地义。

但是,如果不论什么情况,只要小孩受伤,学校就必须要承担责任,法律天平也将失去平衡。对在校的学生而言,天性好动,对新鲜事物充满好奇心,喜欢冒险,缺少一定的自控能力,在参加校内各种活动中也容易对自己或其他同学造成伤害。许多家长对孩子过分呵护,一旦发生意外,便怪罪学校,甚至作出不理智的行为。对于学校,学生情况千差万别,有时即使尽了必要的注意义务,落实了各项安全措施,也不能杜绝校内伤害的发生。如果归责过于严格,也容易造成学校在各方面消极面对,如减少体育活动、劳动实践,不再组织校外参观,严格限制学生各种运动行为,最终将不利于学生的正常学习成长。

在这种失衡的状况下，法律作出了调整。法律认为，如果在校学生受到伤害，对学校的归责原则应该区别对待。

首先，如果小孩属于无民事行为能力人（如不满8周岁），其在校受了伤，那么对学校就适用“过错推定”原则，即不需要任何证据，直接推定学校有过错，学校需要承担赔偿责任，除非学校能证明自己已经完全尽到了管理和教育职责。①

其次，如果小孩属于限制民事行为人（满8周岁的未成年人），其对自己的行为要承担一定的责任，如果在校受了伤，那么对学校就适用“过错原则”，不能直接推定学校有过错。只有有证据证明学校在管理和教育方面存在具体的过错，学校才需要承担赔偿责任。②

最后，如果校外人跑到学校将学生打伤，原则上是由校外人承担责任，学校不负责。但是，如果学校未尽到管理职责，例如，门卫管理不善，允许校外人员随便进入学校；甚至将校内场地外租他人使用造成损害等，学校需要承担补充责任，对学生进行适当的补偿。③

---

① 【法条链接】《民法典》第一千一百九十九条：无民事行为能力人在幼儿园、学校或者其他教育机构学习、生活期间受到人身损害的，幼儿园、学校或者其他教育机构应当承担侵权责任；但是，能够证明尽到教育、管理职责的，不承担侵权责任。

② 【法条链接】《民法典》第一千二百条：限制民事行为能力人在学校或者其他教育机构学习、生活期间受到人身损害，学校或者其他教育机构未尽到教育、管理职责的，应当承担侵权责任。

③ 【法条链接】《民法典》第一千二百零一条：无民事行为能力人或者限制民事行为能力人在幼儿园、学校或者其他教育机构学习、生活期间，受到幼儿园、学校或者其他教育机构以外的第三人人身损害的，由第三人承担侵权责任；幼儿园、学校或者其他教育机构未尽到管理职责的，承担相应的补充责任。幼儿园、学校或者其他教育机构承担补充责任后，可以向第三人追偿。

我们来看看2020年贵州省铜仁市中级人民法院一个关于幼儿园需要为小孩从滑梯高处坠落受伤承担赔偿责任的案例。①

龙某(5岁)在读幼儿园,是个活跃、好动的男孩子。一天,幼儿园放学后,龙某脱离家长和老师的牵绊跑进校园玩滑梯,并从滑梯高处坠落地面受伤。受伤后,幼儿园老师将龙某送往医院治疗,经医院检查,龙某的头部被水泥砖头划开数个伤口,右侧头颅内部有骨折、积血现象,当时龙某父母垫付了医疗费。

后来,龙某的父母要求幼儿园赔偿损失,但是幼儿园方面辩称,龙某是在被家长接走后滞留在幼儿园玩耍时发生的意外,自己对其受伤的后果不存在任何过错,不应承担赔偿责任。龙某的家长未尽到监护职责导致意外发生,应由其家长承担相应的责任,与自己无关。自己的园内设备均符合国家标准,且有相应的合格证,不存在安全隐患。双方就赔偿事宜无法协商一致,僵持不下,遂诉至法院。

该案经过审理,法院认为:案发时的监控录像显示龙某在幼儿园三楼玩滑梯受伤之前,龙某监护人已经在案发现场,并与幼儿园的一名老师一起,始终在案发地点,且龙某受伤时,上述人员均在现场。事故发生时虽然已经放学,龙某的监护人也已经在接送签字表上签字,但事故发生时2名未成年人仍然处于幼儿园安全管理防范范围内,而幼儿园作为学生的教育、管理和保护者,应当加强对在园学生的管理和保护,且该幼儿园的老师在未成年人龙某的家人接到学生后,也没

---

① 本案例以贵州省铜仁市中级人民法院(2020)黔06民终68号民事判决书为原型编辑整理而成,基本案情及判决理由均有不同程度的删节和修改。

有提醒其带领学生及时离园,致使未成年人龙某在放学后仍在园内玩滑梯,最终导致本次事故发生,幼儿园没有尽到足够的管理保护义务,应承担主要赔偿责任。同时,事故发生时,龙某的监护人在事故现场,却忽视了对自己的孩子进行安全教育,未尽到足够的监护义务,致使未成年人在玩滑梯过程中受伤,故该未成年人的监护人也应当承担同等的过错责任。

据此,结合本案其他事实,法院判决该幼儿园必须为龙某的受伤承担相应的赔偿责任。

我们再来看看 2019 年甘肃省陇南市中级人民法院一个关于判决学校不需为学生之间扭打受伤承担赔偿责任的案例。①

小高、小李是某专科学校的同学,均为 18 周岁。一天,小李回教室时不慎碰撞到小高,小李拒不道歉,小高大怒,双方就扭打起来,小高先往小李腹部捅了一刀,小李随即向小高的前额部打了一砖头,小李经医院抢救无效死亡。事后,小高父母与小李父母自愿达成协议,一次性赔偿被害人小李父母各项损失 22 万元整,被害人小李父母对小高的犯罪行为予以谅解。

后来,小高、小李父母认为学校也要为小李的死亡承担赔偿责任,双方对此产生争议,协商未果,遂诉至法院。

该案经过审理,法院认为:学生与学校等教育机构之间的关系,从本质上讲,是一种教育关系,不是基于民法形成的监护关系。学校对

---

① 本案例以甘肃省陇南市中级人民法院(2019)甘 12 民终 375 号民事判决书为原型编辑整理而成,基本案情及判决理由均有不同程度的删节和修改。

于学生具有教育、管理职责。涉案学校制定有相应的规章制度及安全管理规定,也下发了学生手册,并组织班会、团活动学习学校校规校纪,以各种形式对学生进行安全教育及宣传,对学生进行了必要的管理。双方发生打架时已年满18周岁,属完全民事行为能力人,小高故意伤害他人系其自主行为所致,其行为作为常人无法预见与控制。学校对伤害案件的发生并无管理上的过失,学校不应承担责任。

学校是教书育人的摇篮,但不能不合理地拔高学校的管理义务,以事件的发生反向推理,简单评价认为"学校如果及时制止就不会有伤害案件发生",粗暴地认定"既然案件发生了就说明学校未尽到管理义务",不仅有损个案正义,颠倒人们价值观,也损害了社会公共利益。

据此,结合本案其他事实,法院判定该学校在上述事件中不需承担赔偿责任。

【余律师支招】

如果你是学生家长,小孩在学校受了伤,要清楚学校有可能需要承担责任,也有可能不需要承担责任。关键是自己在平时要加强对小孩的安全教育,不能完全依赖学校的管理。如果你是学校方,首先要严格遵守法律法规规定的各项安全工作规程,做到没有过错,并注意平时将这些工作记录备案,万一学生发生意外,可以作为免责理由。但是要特别注意,8周岁以下的孩子在学校受伤的,索赔时适用过错推定原则,家长不需要证明学校有过错,便可以要求学校承担责任。

72　产品责任，厂家和超市喜欢“踢皮球”

日常生活中，人们从超市采购许多货品，满足家庭的起居饮食。这些商品与人们的生活息息相关，商品的质量稳定与否对人们的生活安全和方便有着深刻的影响。一旦产品出现问题，不但会给人们生活带来不便，甚至会造成财产损失或人身损害。

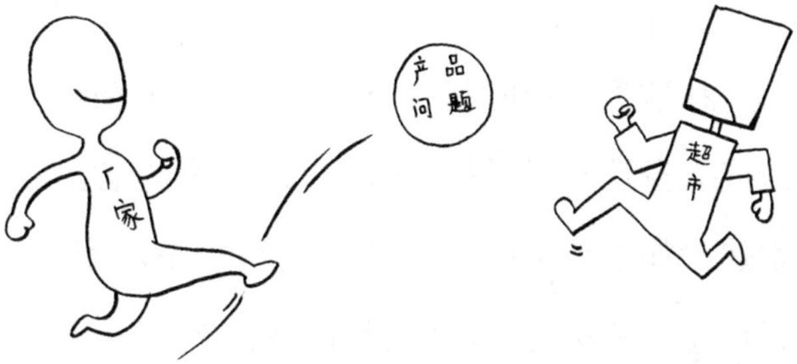

当损失发生时，人们首先想到的，也是最方便的就是找销售者如超市去追责。但是，超市负责人通常会说：“产品出了问题，你找厂家去啊。我们是正规超市，所有产品都是从正规渠道进货的，这里有厂家的公司名称、地址和联系方式，你去找厂家吧，找我们没有用的。”

这个理由听起来似乎非常有道理。比如，某人在超市购买的高压锅在煮饭的时候由于产品缺陷发生了爆炸，造成了人身损害。那么，由谁来承担责任呢？是高压锅厂家还是超市？超市不太可能在仓库里就把高压锅弄坏，以致消费者使用时爆炸受伤。所以，超市没有责任的可能性显得非常大。

但是,因为如此,人们就只能去找厂家索赔,而不能找超市索赔的话,法律天平将失去平衡。对于消费者,从超市购买了商品,出了事找超市索赔,是最现实和最方便的法律索赔途径,也是符合情理的。如果只能找厂家索赔,当这个厂家不在本地区甚至在国外时,消费者有可能无力索赔,作为弱势群体的消费者的合法利益就得不到保护。对于销售者,当自己售出的产品出了事故,却将前来索赔的消费者拒之门外,以"找厂家去"为由推脱自己的责任,无视消费者权益的保障,既不符合民事行为诚实信用的法律原则,也会破坏社会经济流转所需的信用保障体系。

在这种失衡的状况下,法律作出了调整。法律认为,当产品缺陷造成人身伤害时,受害人既可以向销售者如超市索赔,也可以向厂家索赔。如果超市认为产品缺陷纯粹是厂家造成的,与自己无关,那么超市也要依法先行向消费者赔付,然后再自行向厂家追回赔款。反之同理,如果受害人向厂家追索赔偿,即使厂家认为产品出厂时是没有问题的,产品缺陷是产品保存不当造成,也要依法先行向受害人赔付,然后再自行向超市追回赔款。①

我们来看看2020年湖南省浏阳市人民法院一个关于判决烟花销

---

① 【法条链接】《民法典》第一千二百零三条:因产品存在缺陷造成他人损害的,被侵权人可以向产品的生产者请求赔偿,也可以向产品的销售者请求赔偿。产品缺陷由生产者造成的,销售者赔偿后,有权向生产者追偿。因销售者的过错使产品存在缺陷的,生产者赔偿后,有权向销售者追偿。

售者承担赔偿责任的案例。[①]

粟某为庆祝中秋节日，从毛某开的烟花爆竹店买来烟花，在燃放的时候发生了事故，烟花突然爆炸致粟某的眼睛被严重烧伤。后来，粟某找毛某索赔，毛某辩称，其小店属合法经营，不应该由其承担责任，粟某应起诉生产厂家。由于双方对赔偿事宜无法达成一致意见，协商未果，遂诉至法院。在庭审中，粟某明确选择向销售者毛某主张权利，但未要求追加生产厂家为共同被告。

该案经过审理，法院认为：根据法律律规定，因产品存在缺陷造成损害的，被侵权人可以向产品的生产者请求赔偿，也可以向产品的销售者请求赔偿。粟某因购买的烟花存在缺陷导致身体受到损害，烟花爆竹店作为烟花销售者，在其不能指明缺陷产品的生产者也不能指明缺陷产品的供货者的，作为销售者应当承担侵权责任。由于烟花爆竹店未能指明缺陷烟花的供货者或者生产者，因此，粟某因烟花质量问题导致眼睛受伤，烟花爆竹店应承担侵权责任。烟花爆竹店先行代为赔偿粟某后，可依法另行向涉案烟花产品的供货者或生产者追偿。

据此，结合本案其他事实，法院判决毛某向粟某赔付医疗费、残疾赔偿金等共计 36 万元。

---

① 本案例以湖南省浏阳市人民法院(2020)湘 0181 民初 5233 号民事判决书为原型编辑整理而成，基本案情及判决理由均有不同程度的删节和修改。

【余律师支招】

如果你是消费者,因产品缺陷造成了损害,索赔的时候,在销售者和厂家之间可以选择自己最方便索赔的一方进行起诉,不要被他们互相推卸责任的说法所迷惑,因此一定要保留当时的购物凭证,以便追索;如果你是销售者或者厂家,在自己售出或者生产的商品造成他人损害后,请不要在消费者面前推卸责任,互相"踢皮球",法律此时并不会支持你。同时,销售者也要妥善保留好从厂家进货的凭证、产品质量证明,因为在赔付消费者之后,销售者和厂家之间还有可能根据实际情况相互追偿。

73 自己名下的车借给他人开,出了事故谁负责

将车借给朋友开,是生活中常有的事。此时,如果朋友开车撞伤了别人,车主要不要承担责任呢?对于这个问题,多数人的第一感觉是认为要承担责任,毕竟撞伤人的这部车落在车主名下,出了事故,车主当然要负责任。

如果同样的问题扩大到"车卖了但还未过户,出了事,仍然挂名的

原车主要不要负责任？车租出去了呢？车被盗了呢？”，这些问题显然给车主们的日常用车过程带来极大的困惑，亟待解决。

车辆挂在某人名下，某人就要对该车辆造成的事故负责任。这种认识直截了当，言之凿凿，似乎理所当然。然而，果真如此的话，法律天平将失去平衡。对于挂名车主，将车借给朋友或租给别人开，是常见的普通生活行为。将车辆交出去之后，这位车主就失去了对车辆运行的控制权和支配力，如果此时由于驾驶人的过错导致的事故，也不分青红皂白地要求车主承担责任，便违背了法律上的“谁过错，谁担责”的一般原则。对实际驾驶人而言，开着借来或租来的车辆造成了他人的损失，自己有过错当然要承担责任，不能将责任推卸给车主，否则既不合法，也不仁义。

在这种失衡的状况下，法律作出了调整。法律认为，在借车、租车等情况下，车主如果没有实际驾驶车辆，该车辆出了事故造成他人损害的，车主不需要承担赔偿责任，而由实际驾驶人承担责任。① 当然，如果车主本身也有过错，例如，将车借给没有驾驶证或者因酗酒等原因不能驾驶车辆的人去开，或者车主没有保养自己的车辆，事故是由于车辆缺陷造成的，车主还是要承担相应责任的。还有，如果实际驾驶人跑了，受害人的损失无法得到救济，那么车主也应当给予适当补偿。

---

① 【法条链接】《民法典》第一千二百零九条：因租赁、借用等情形机动车所有人、管理人与使用人不是同一人时，发生交通事故造成损害，属于该机动车一方责任的，由机动车使用人承担赔偿责任；机动车所有人、管理人对损害的发生有过错的，承担相应的赔偿责任。

另外,还有两种常见的挂名车主和实际车辆使用人分离的情况,法律也已对事故责任予以明确。一是在车辆买卖行为中,如果车辆交出去了但还没有过户,此时出现交通事故,原挂名车主不用承担责任,由新车主承担该车辆带来的相关风险。① 二是在挂靠车辆进行运营的情况下,该车辆出了事故,被挂靠单位应当承担连带责任,不能因为实际驾驶人是独立个人而脱责。因为,被挂靠单位享受了该车辆的运行利益,并且该车辆也是以被挂靠单位名义在运营的。

我们来看看2019年浙江省杭州市淳安县人民法院一个关于判决车主不需要承担责任的案例。②

洪某是涉案轿车的车主。一天,方某驾驶涉案轿车行驶在杭州市淳安县某街道某路段时,与正在骑着摩托车的黄某发生碰撞。事故造成摩托车乘客张某当场死亡,车辆毁损。交警勘查现场后,认定方某、黄某分别承担事故的80%、20%责任。事后,张某的母亲将车辆驾驶人方某、黄某和保险公司一并告上法院,要求他们对上述事故造成的损失承担连带赔偿责任。

该案经过审理,法院认为:被告方某在本案交通事故中负主要责任,摩托车驾驶员黄某在本案交通事故中负次要责任。法律规定,因租赁、借用等情形机动车所有人与使用人不是同一人时,发生交通事

① 【法条链接】《民法典》第一千二百一十条:当事人之间已经以买卖或者其他方式转让并交付机动车但是未办理登记,发生交通事故造成损害,属于该机动车一方责任的,由受让人承担赔偿责任。

② 本案例以浙江省杭州市淳安县人民法院(2019)浙0127民初5759号民事判决书为原型编辑整理而成,基本案情及判决理由均有不同程度的删节和修改。

故后属于该机动车一方责任的，由保险公司在机动车强制保险责任限额范围内予以赔偿，不足部分，由机动车使用人承担赔偿责任；机动车所有人对损害的发生有过错的，承担相应的赔偿责任。本案中，涉案轿车登记车主为洪某，张某未提交证据证明被告洪某对本案事故发生存在过错，故张某要求洪某承担赔偿责任的诉讼请求，法院不予支持。涉案车辆已在某保险公司投保了交强险及商业三者险，依法应由某保险公司在保险责任限额内予以赔偿。

据此，结合本案其他事实，法院判定应由某保险公司及车辆驾驶人方某负责，车主洪某不需要承担责任。

【余律师支招】

如果你是普通车主，将车辆借出去或租出去，此时车辆发生了事故，先不要太担心，一般都由实际驾驶人负责，但是要注意在交车出去的时候，要保证开车的人和车辆本身没有什么问题，否则也还是会因为存在过错而“摊上事”；如果你是受害人，在追讨损失的时候，不要太执着于去找名义车主索赔，最有效的还是先找实际驾驶人，当然，名义车主有些时候也是要承担赔偿责任的。

74 高空抛物的法律“连坐”

设想一个场景:一个星期天的上午,你正在睡懒觉,突然听到楼下有一片嘈杂声,便到窗边看个究竟。原来,有一位行人路过你们这栋居民楼时,被不知道是哪位邻居扔出来的烟灰缸砸破了脑袋,鲜血直流。过了好几天,你听邻居说那位行人伤得很重,好像还丧失了自理能力,现正在找肇事者索赔。此时,你一定在想,“当时我还在睡懒觉呢,不是我扔的烟灰缸,这个索赔与自己没有什么关系”。

多数人都会认同这样的想法,但事实并非如此。在上例中,如果能够找到是哪位邻居扔的烟灰缸,事情就好办了,让他承担赔偿责任即可。但是,对于“高空抛物”这个时有发生的社会痼疾,难点就在于多数情况下,无法确定具体的肇事者。

在找不到确定的肇事者的情况下,如果这栋居民楼的所有住客都说不是自己扔的烟灰缸,受害人的赔偿与自己无关。那么,法律天平将失去平衡。对于受害人,肯定是被该居民楼的某位住户扔的烟灰缸砸伤的,如果因为无法确定具体的肇事者,自己的伤害损失就无法得到赔偿,权益无法得到保护,是不公平的。对于该居民楼的住户,往往多一事不如少一事,即使发现是某位邻居扔的,也通常不会向公安机关或法院举报,只是强调不是自己扔的。特别是那位真正的肇事者,在调查的过程中多数都会隐瞒事实,认为只要自己不招认,反正也调查不出个所以然来。如此一来,不但无法保障受害人的利益,也不利于规制"高空抛物"这种不良社会现象的发生。

在这种失衡状况下,法律作出了调整。法律认为,在"高空抛物"致人损害的情况下,如果能够确定肇事者,就由肇事者承担赔偿责任;如果无法确定肇事者,则由这栋建筑物所有可能作出"高空抛物"的住户负责给予补偿,除非该住户有确切的证据证明受害人的损失不是自己造成的。①

我们来看看 2018 年北京市第一中级人民法院一个关于判决 30 户业主对高空抛物受害人进行补偿的案例。②

一天下午,杨先生将汽车停放在北京市昌平区某街道阳光花园

① 【法条链接】《民法典》第一千二百五十四条:禁止从建筑物中抛掷物品。从建筑物中抛掷物品或者从建筑物上坠落的物品造成他人损害的,由侵权人依法承担侵权责任;经调查难以确定具体侵权人的,除能够证明自己不是侵权人的外,由可能加害的建筑物使用人给予补偿。可能加害的建筑物使用人补偿后,有权向侵权人追偿。物业服务企业等建筑物管理人应当采取必要的安全保障措施防止前款规定情形的发生;未采取必要的安全保障措施的,应当依法承担未履行安全保障义务的侵权责任。发生本条第一款规定的情形的,公安等机关应当依法及时调查,查清责任人。

② 本案例以北京市第一中级人民法院(2018)京 01 民终 1895 号民事判决书为原型编辑整理而成,基本案情及判决理由均有不同程度的删节和修改。

小区路段时，一块水泥砖掉落砸在杨先生的汽车前挡风玻璃上，致使车窗玻璃破裂。当时无法确定该硬物是由谁抛来的，该事故属于典型的“高空抛物”。后来，由于无法确定具体侵权人，杨先生将阳光花园6号楼1单元3层以上的30户住户告上法院，要求赔偿其财产损失。

该案经过审理，法院认为：根据法律规定，从建筑物中抛掷物品或者从建筑物上坠落的物品造成他人损害，难以确定具体侵权人的，除能够证明自己不是侵权人的外，由可能加害的建筑物使用人给予补偿。该规定是对于不明抛掷物给受害人造成损失时的一种补偿责任，其立足点在于公平原则而非权责明确的赔偿原则。

原告杨先生的汽车在被告居住的某街道阳光花园6号楼一侧被砸，从当事人提供的录像可以看出，砖块下落的路线明显属于6号楼一侧，结合现场概况、周围环境考虑，并根据民事诉讼高度盖然性的证明标准，可以认定杨某汽车损坏是被6号楼楼层坠落或抛掷的水泥砖块所致，而各被告在庭审中均未提交证据证实自己不是侵权人，故他们认为自己不应承担补偿责任的主张，法院并未采纳。

据此，结合本案其他事实，法院判决该30户住户各自补偿原告杨先生因维修车辆所受的损失13,463.4元之中的448.78元。

【余律师支招】

在“高空抛物”致人损害的情况下，不要以为自己没有扔东西，就必然不需要为楼下被砸的受害人“买单”，除非能提供确切的证据证明不是自己干的，但这并不是件容易的事情，仅仅凭口头否认，法院不一定认可。因此，解决“高空抛物”问题，要靠大家普遍提高公德意识，加强法律教育，邻居们要互相提醒，形成良好的生活习惯，维持居住环境的和谐稳定。肇事者也不要有侥幸的心理，不要以为自己做的事“神不知鬼不觉”，也许有些邻居会举报你，让你难逃一责。

75　从“退一赔一”涨到“赔三”

“买的永远没有卖的精”这句俗语，是人们在日常消费中经常上当受骗后作出的一个总结，这既是对商家五花八门欺诈手法的一种无奈，也反映了现实生活中商家对消费者的欺诈无所不在。

比如，商家销售过期食品如牛奶、饮料、饼干，甚至销售成分不符合安全标准的食品，消费者在购买当时无法或者很难发现这些问题，待买回去才发现有问题。当消费者向商家讨回公道的时候，如遇到不良商家，其可能矢口否认，消费者投诉艰难；遇到好一些的商家，可能会为消费者退货退款或者进行换货处理。

商家的欺诈销售被发现后，仅仅退货退款是不够的，如果不追究商家的责任，法律天平将失去平衡。对于消费者，在购物的过程中，存

在严重的信息不对称，其对商品的材质原料、性能品质、安全标准等知之甚少，甚至一无所知，也不可能在现场就弄清楚该产品是否存在问题，购物时其对商家是抱着信任的态度的，如果被商家欺诈，只是退换货了事，非常不公平；对于商家，出于获利考虑，将过期的、不符合安全标准的产品尝试卖给消费者，成功卖出去便实现了利益，被投诉了又收回来，不需要承担过多责任，那么无形中将鼓励这种知假卖假的不诚信行为，违法成本过低，使消费者承担的风险过大，甚至可能发生造成消费者生命财产损失的重大事故。

在这种失衡状况下，法律作出了调整。法律认为，消费者在购买商品或者接受服务的时候，发现商家有欺诈行为，消费者除了可以要求退货退款外，还可以再要求3倍价款的惩罚性赔款，①即可以“退一

---

① 【法条链接】《消费者权益保护法》第五十五条：经营者提供商品或者服务有欺诈行为的，应当按照消费者的要求增加赔偿其受到的损失，增加赔偿的金额为消费者购买商品的价款或者接受服务的费用的三倍；增加赔偿的金额不足五百元的，为五百元。法律另有规定的，依照其规定。经营者明知商品或者服务存在缺陷，仍然向消费者提供，造成消费者或者其他受害人死亡或者健康严重损害的，受害人有权要求经营者依照本法第四十九条、第五十一条等法律规定赔偿损失，并有权要求所受损失二倍以下的惩罚性赔偿。

赔三”(1993 年《消费者权益保护法》规定的是“退一赔一”[①])。

我们来看看 2020 年安徽省蚌埠市中级人民法院一个判定将普通木头家具作为黑檀木家具出售构成商业欺诈,商家承担“退一赔三”责任的案例。[②]

某天,柏先生到金华市某家具中心订购了品牌为法思哲、材质为黑檀木的家具共 11 件套,付款 5 万元。柏先生收到家具后,有懂行的亲朋好友发现,该家具原材料并非黑檀木,而是市场价格相对便宜的枫木。而且,某家具中心所送货物不是法思哲品牌。

柏先生知道后非常生气,立即与某家具中心进行交涉,但是某家具中心坚持说柏先生购买的家具是用黑檀木制作的。柏先生不信,要求某家具中心退还货款,并依照《消费者权益保护法》赔偿 3 倍货款,某家具中心不同意,只愿意退货退款。双方协商未果,遂诉至法院。

该案经过审理,法院认为:某家具中心将“卡蒂娜”牌家具以“法思哲”品牌的名义进行宣传、介绍,对用材并非黑檀木的家具使用“黑檀木”的概念进行宣传,致使柏先生受到欺诈,对柏先生要求撤销双方达成的订货合同的诉讼请求予以支持。合同撤销后,双方应返还因此合同而获得的财物,某家具中心应退还柏先生购买家具款,柏先生亦应将其在某家具中心购买的家具返还给某家具中心。

---

① 【法条链接】《消费者权益保护法》(1993 年)第四十九条:经营者提供商品或者服务有欺诈行为的,应当按照消费者的要求增加赔偿其受到的损失,增加赔偿的金额为消费者购买商品的价款或者接受服务的费用的一倍。

② 本案例以安徽省蚌埠市中级人民法院(2020)皖 03 民终 1740 号民事判决书为原型编辑整理而成,基本案情及判决理由均有不同程度的删节和修改。

依据法律规定,经营者提供商品或者服务有欺诈行为的,应当按照消费者的要求增加赔偿其受到的损失,增加赔偿的金额为消费者购买商品的价款或者接受服务的费用的3倍,故某家具中心还应按家具价款5万元的3倍即15元赔偿柏先生的损失,法院对柏先生提出的有关诉讼请求予以支持。

据此,结合本案其他事实,法院判决某家具中心退还柏先生货款5万元,并赔偿3倍货款15万元,共需向柏先生支付20万元。

【余律师支招】

如果你是消费者,一定要保留好商品发票和对方欺诈的证据,特别是书面的证据,一旦发现商家有欺诈行为,可以主张3倍的赔偿;如果你是商家,想耍些小聪明,欺骗消费者,有可能付出3倍的赔款,欺诈成本也是相当高的,所以要诚信经营,童叟无欺,不要丧失最基本的市场营商之道。

76 有时别把赠与太当真

赠与行为往往发生在关系紧密的亲朋好友之间,赠与物品小到纸、笔,大到车子、房子,甚至整个家产。出于信任关系,当赠与人表示要赠与时,受赠人便自然认为“君子一言,驷马难追”,就算担心对方说话不算数,还可以和对方签订一个赠与协议,将赠与内容落实到白纸黑字上,双方郑重其事地签名捺手印。手持这一张赠与协议,多数受赠人就认为赠与人无法反悔，自己可以高枕无忧了，接受赠与物的过程可以慢慢来完成。

事实并非如此。因为赠与是无偿的，对于赠与人，无偿赠送物品是一种友好情谊和关系的表达，一般情况下并不能作为法定的义务要求其必须去履行。在赠与物还没有送出去之前，如果就因为说过了或者写过了赠与的意思，便不可以撤销，必须去履行，似乎加重了赠与行为的法律负担。对于受赠人，接受他人无偿赠送的东西，本就是凭空增加的一份利益，在尚未接收到赠与物之前，应当允许赠与人有重新考虑的机会。

因此，法律认为，在一般的赠与行为中，赠与人可以在财物尚未送出去之前撤销赠与，也就是说可以反悔，可以收回曾经作出的赠与表示。当然，有些赠与是不能随便撤销的，如具有救灾、扶贫等社会公益、道德义务性质的赠与合同，以及公证过的赠与合同均不能撤销。①

曾有一案例，弟弟告姐姐。被告姐姐在法庭上当庭表示，赠送一套房给原告弟弟，并在法庭形成笔录，双方签字捺手印。弟弟以为这

① 【法条链接】《民法典》第六百五十八条：赠与人在赠与财产的权利转移之前可以撤销赠与。经过公证的赠与合同或者依法不得撤销的具有救灾、扶贫、助残等公益、道德义务性质的赠与合同，不适用前款规定。

套房子就属于自己了,姐姐想赖也赖不掉,因为在法庭上签了字。开完庭之后,弟弟因为太忙,没有抓紧时间找姐姐到国土部门进行房产过户。过了一个月,弟弟找到姐姐要求办理过户手续,姐姐说要撤销赠与,不将房子送给弟弟了。弟弟大为恼火,认为在法庭上确认的事情怎么可以反悔?但是,这位弟弟错了。从法律的角度来说,上述赠与既不具有救灾、扶贫或者某种道德义务性质,也没有经过公证(在法庭上签字并不代表进行了公证,公证应当到专门的公证机关履行公证程序),他的姐姐确实可以撤销赠与。

【余律师支招】

如果你是赠与人,向他人作出了赠与某些财物的表示,甚至是签了字,捺了手印,只要不涉及公益、道德和公证这几方面的性质,那么在财物送出去之前,是可以反悔的;如果你是接受赠与人,对他人赠送的财物要及时履行财产转移手续,否则容易夜长梦多,到头来,只能空叹“水中花,镜中月”!

77 贼人盗钱,银行可能要赔偿

在银行自助柜员机取款时,被犯罪分子利用装在柜员机角落的微型摄像机偷拍密码卡号,并制作假卡,通过柜员机将银行卡内的资金盗走,作为持卡人,该如何追讨损失?是等警察抓到犯罪分子再追讨，还是可以直接向银行追讨？银行此时会说，“卡和密码是被犯罪分子偷制的，柜员机只认卡和密码不认人，卡里的钱款被人盗取与银行没有关系，不要来找银行索赔，要去追犯罪分子”。这种说法有道理吗？

这种说法似乎有些道理，毕竟将钱盗走的是犯罪分子，而不是银行。但是，如果银行对此不承担任何责任，法律天平也将失去平衡。对银行而言，在银行外设置自助柜员机供储户存取款，既是便民措施，也是业务拓展措施。但要注意的是，这不仅为储户随时存取款提供了便利，也给犯罪分子盗取储户的银行信息提供了方便，因为大多数的柜员机都安装在街边，无专人看管，防护措施明显不足。对储户而言，在银行设置于街边的自助柜员机存取款，自然是信任柜员机的，对于犯罪分子精心设置的摄像头，根本不太可能发现。但银行对储户存取款时的安全保障义务不应该缺失，银行如果对此不承担任何责任，将对储户非常不公平。在这种失衡的状况下，法律应该作出调整。

我们来看看湖南省衡阳市中级人民法院一个关于消费者取款时银联卡号及密码被他人复制，卡上存款被取走，由提供银联卡的银行承担赔偿责任的案例。①

刘某在建行衡阳分行办理银联卡一张,其到建行衡阳分行设立在衡阳市解放路网点的自动取款机(ATM)取款未果,便到隔壁中行衡阳分行网点的ATM取款2500元,其账户尚有存款余额41,395.49元。因该取款机已被他人非法安装了摄像头,刘某的银行卡信息被复制。次日,刘某的银行卡被他人在他行ATM上相继取款10次,每次取款2000元,共计20,000元,并支付手续费10次,每次2元,共计20元。最后一笔经ATM转账的金额为21,300元,支付转账手续费52元。至此,刘某的银行卡在同一天内,经他行ATM共发生交易11次,包括手续费共发生交易额41,372元,账户存款余额只剩23.49元。刘某遂向湖南省衡阳市雁峰区人民法院起诉,请求中行衡阳分行、建行衡阳分行赔偿41,372元存款及利息。

一审法院判令中行衡阳分行承担赔偿责任,建行衡阳分行免责。中行衡阳分行不服,提起上诉,要求建行衡阳分行承担赔偿责任。湖南省衡阳市中级人民法院二审认为,刘某在建行衡阳分行办理了银联卡,双方之间形成了储蓄存款合同关系。当事人应当遵循诚实信用原则,根据合同的性质、目的和交易习惯履行通知、协助、保密等义务。建行衡阳分行有义务保障储户银行卡内的资金不被他人盗取,同时也有义务通知和告知持卡储户注意识别犯罪分子利用各种高科技手段窃取银行卡内存款的方式、方法及防范措施。由于发卡行建行衡阳分

---

① 案例来源:《最高人民法院公布10起维护消费者权益典型案例》,载《人民法院报》2014年3月16日,第3版。

行既不能保障所发银行卡卡内信息的安全，又未告知持卡人熟知犯罪分子利用高科技手段获取卡内信息及密码的方式方法，故应承担刘某银行卡内资金被盗取的民事责任。刘某作为一名普通的持卡人，不了解 ATM 的构造和工作原理，也无法掌握和识别犯罪分子利用高科技手段在 ATM 上安装的窃取卡内信息和密码的装置，且刘某的银行卡未丢失，也未委托他人使用，故刘某对银行卡信息和密码的泄露没有过错，不应承担责任。刘某在中行衡阳分行的 ATM 上取款，该行将存款支付给刘某，是基于委托代理关系而履行代为支付存款的义务。根据《民法通则》(已废止)的规定，代理人在代理权限内，以被代理人的名义实施民事法律行为，被代理人对代理人的代理行为承担民事责任。故建行衡阳分行作为被代理人应对代理人中行衡阳分行的代理行为承担责任。二审法院依法改判建行衡阳分行向刘某支付储蓄存款 41, 372 元。

【余律师支招】

如果你打算到街边的自助柜员机存取款，要留心查看柜员机的周边，检查有无非法装置，防止被偷录密码和卡号，虽然一旦有事，银行可能也要负责，但是毕竟钱是自己的，最好还是不要弄丢了；如果你是银行方，对储户到自助柜员机的交易行为一定要做足安全提示工作，并尽可能消除柜员机上可能被犯罪分子利用的各种隐患，既要保障银行资金的安全，也要想尽办法保证储户进行操作时的安全。否则，即使是犯罪分子将钱盗走，银行也可能要赔款。

外一首　生命是个盒子

生命是个盒子,是三维的。
X 轴代表生命的长度,Y 轴代表名气和财富。
生命越长,名气财富越多,X 乘以 Y 面积就越大。
于此,我们看到的人生就越丰富,感觉没白活一场。

其实,还有一个 Z 轴,代表着给众人带来的利益。
在 Z 这个维度,只要有心就可以做到。
只有把 Z 做起来,把 X 乘以 Y 再乘以 Z,
生命才丰满,才真正有了内容、有了质量。

我们不要出世,要入世。
要 X,也要 Y,但是这两者存在天意造化,
只有 Z,是我们靠人力就可以做到的。

生命短一些,名气、财富少一些,并非全由自己,别管它。

尽可能给众人带去一些利益,这个,只要做就有。

如果做好了Z,
当我们最终把这副臭皮囊还给大自然时,
我们会发现,一世生命价值无限,
因为,当臭皮囊归于泥土,化为原料,X和Y同时灰飞烟灭,
只有Z寄于世间,得到永生。

如果生命只有X与Y,那么我们就有不能承受的生命之轻,
如果有了Z,任何人的生命都将重于泰山。

所以,追寻生命的意义到底在哪里,真的很重要,
否则,当我们在生活中面临许多思考和抉择时,
就会茫然、迷糊、找不着北。

至于生命到底是什么,本来就没有标准答案,
每一个人认知的每一个答案也许都是对的。
生命的意义是个概念,与真理无关。

读者书评

中午没有休息，看了一半了，很好，现在就需要这种生动的普法书籍。

——某法官，最高人民法院

其中一些法律问题，值得硕士研究生甚至博士研究生撰写论文进行论证，具有较高的法律研究价值，同时其中不少案例体现了很多的人生哲理，值得一再研读品味。

——刁警官，广东省公安厅

清晰明了，观点鲜明，绝无拖沓。受众广泛，无论普通市民还是律师都会受益匪浅，特别应该作为刚入门律师的推荐书目。

——黄律师，资深同行

结尾处《生命是个盒子》很赞，正能量满满，格调顿时高大无比，大状还是个诗人啊!

——毛先生,某央企高级经理

读好文,如享大餐。

——罗先生,华为海外商务代表

看了很多案例,都是自己身边常见的,自己也常会走入误区,为当事人着急喊冤,不知怎么办才好。但看了余律师支招后又豁然开朗,原来可以这样。像《明朝那些事儿》把枯燥的历史写得生动易懂一样,本书把枯燥严谨的法律写得通俗易懂,很有参考借鉴作用。

——黄女士,政府公务员

抱着翻翻看的心理购买了这本书,远超预期。

书有很多种,分类的方法也很多。我比较喜欢把书分为本和末,本用来树立系统概念,形成知识主干,这样碰到问题就知道定位这是什么样的问题;末为知识的枝叶,作为本的补充,做广度和深度的延伸,用来解决具体问题。对于绝大多数人而言,了解末远比了解本更有意义,因为在很多行业,我们未必都会成为该行业的专业人士。按我个人的划分,本书算对法律知识的极好补充,算一本极好的末。余律师的书不掉书袋,采取 case by case 方式组织形式,轻松易读,让人获益良多,爱不释手。

全书 77 个有代表性的案例都采取举例→法律角度分析→给予

建议模式,辅以切题精美有趣的插画,看得出作者选题和组织内容的认真。

所选案例覆盖日常生活中经常碰到的领域,也就是所谓“五子”,我想对于绝大多数非法律专业的人而言,是比较有帮助和启发的,除了具体案例的学习,也会潜移默化地被植入法律思维。做学问传播知识,我们讲深入浅出,区区77个案例,涉及的生活领域和法律领域其实很多,作者都能浅显易懂地娓娓道来。相比很多粗制滥造拼凑的书籍,实在是良心之作。

有幸拿到作者签名,作者写到“闲时翻翻看”,颇为感慨,越有成者越谦虚。值得一买,值得一读。

——李先生,一位私企老总

在当当网购得您的著作《常识骗了你》。刚读到“序”部分,就感受到了您思维的缜密,思路的开阔,同时也体会到了您的适度灵活。之后就放不下了,现在刚好读完全书。作为读者,真的非常钦佩和感激您,用这样简洁的文字、浅显的理论就可以让读者明了那么多法律常识,更重要的是让读者具备了法律意识和初步法学学习的能力。在大谈法治的今天,此书犹如春风,清凉而又唤起活力。

——马女士,一名当当网读者

图书在版编目(CIP)数据

常识骗了你：房产、合同、婚姻的77个法律陷阱/余勇波著. --4版. --北京：法律出版社，2021
ISBN 978-7-5197-5513-3

Ⅰ. ①常… Ⅱ. ①余… Ⅲ. ①法律-基本知识-中国
Ⅳ. ①D920.5

中国版本图书馆CIP数据核字(2021)第064385号

常识骗了你
——房产、合同、婚姻的77个法律陷阱(第4版)
CHANGSHI PIANLENI
—FANGCHAN、HETONG、HUNYIN DE 77 GE FALÜ XIANJING (DI-4 BAN)

余勇波 著

策划编辑 邢艳萍
责任编辑 冯雨春 邢艳萍
装帧设计 马 帅

出版发行 法律出版社
编辑统筹 法律应用出版分社
责任校对 王晓萍 王语童
责任印制 吕亚莉
经 销 新华书店

开本 710毫米×1000毫米 1/16
印张 17.25 **字数** 300千
版本 2021年9月第4版
印次 2021年9月第1次印刷
印刷 中煤(北京)印务有限公司

地址：北京市丰台区莲花池西里7号(100073)
网址：www.lawpress.com.cn
投稿邮箱：info@lawpress.com.cn
举报盗版邮箱：jbwq@lawpress.com.cn
销售电话：010-83938349
客服电话：010-83938350
咨询电话：010-63939796

书号：ISBN 978-7-5197-5513-3 **定价**：68.00元
凡购买本社图书，如有印装错误，我社负责退换。电话：010-83938349